淘宝网店运营、管理一本就够
（全面升级版）

韦余靖　王　倩　张发凌　著

人民邮电出版社

北　京

图书在版编目（CIP）数据

淘宝网店运营、管理一本就够：全面升级版 / 韦余靖，王倩，张发凌著. -- 北京：人民邮电出版社，2021.8
ISBN 978-7-115-56683-6

Ⅰ. ①淘… Ⅱ. ①韦… ②王… ③张… Ⅲ. ①网店—运营管理 Ⅳ. ①F713.365.2

中国版本图书馆CIP数据核字(2021)第108999号

内 容 提 要

电商行业发展至今，已成为一个竞争激烈的行业，而淘宝网是国内领先的电商平台之一，它占据着较高的市场份额。在淘宝网上开店时，如何操作才能提高店铺销量？如何通过免费和付费营销工具为店铺引流？如何做好直播推广？本书将一一解答这些问题。

本书全面系统地阐述了淘宝网店运营、管理的思维、策略和方法。全书共分为12章，详细介绍了店铺管理、商品运营、优化淘宝搜索排名、店铺优化技巧、商品的视觉营销、店铺装修及付费推广等内容。此外，书中以提示的形式提供了大量实用的技巧，帮助淘宝网卖家解决淘宝网店运营、管理中遇到的实际问题。

本书适合广大淘宝网店卖家阅读，也可作为高等院校电商相关专业、淘宝网店培训班的参考用书。

◆ 著　韦余靖　王　倩　张发凌
责任编辑　陈　宏
责任印制　胡　南

◆ 人民邮电出版社出版发行　　北京市丰台区成寿寺路 11 号
邮编 100164　电子邮件 315@ptpress.com.cn
网址 https://www.ptpress.com.cn
涿州市京南印刷厂印刷

◆ 开本：787×1092　1/16
印张：13.5　　　　　　　　　　2021 年 8 月第 1 版
字数：300 千字　　　　　　　　2021 年 8 月河北第 1 次印刷

定　价：59.80 元

读者服务热线：（010）81055656　印装质量热线：（010）81055316
反盗版热线：（010）81055315
广告经营许可证：京东市监广登字 20170147 号

前言

随着各类电商平台的发展，各种运营方式层出不穷，淘宝网卖家除了要掌握美化图片、发布宝贝、管理店铺资金及管理物流等基础的运营方法，还要学会运用各种网店运营和推广工具，为店铺获得更多的流量，提高成交量。

无论是新手还是拥有多年网店运营经验的老手，都可以通过阅读本书学习网店运营和推广技巧。

本书包含以下三个方面的内容。

- 第一个方面的内容是如何开店，包括选择合适的店铺类型，使用手机支付宝管理店铺资金等。
- 第二个方面的内容是如何做好店铺、商品管理，除了使用千牛工作台中的营销、装修工具设置店铺、商品页面及发布商品，还可以使用各种装修工具设计引流效果更好的店铺页面和商品图片。
- 第三个方面的内容是在做好店铺基础运营、管理的前提下，优化店铺和商品，并选择合适的运营和推广工具。只有将店铺和商品精准地推向更多高需求的人群，才能获得更多的曝光量和成交量。

要想运营和管理好淘宝网店，获得更多的流量才是关键。流量主要包括自然流量、付费流量和活动流量。在商品发布前期，如果卖家没有足够的经验和资金，不建议"烧钱"引流，而要以自然流量和少量付费流量为主。说到自然流量，店铺及商品的搜索优化是必不可少的。卖家应当注重商品的自然搜索优化，让自己的商品排名更加靠前。

关键词是淘宝网搜索的核心，卖家可以通过各种渠道获得优化后的关键词，包括淘宝网首页搜索页面、直通车关键词设置等。淘宝搜索引擎可以帮助买家找到适合自己的商品，从而为买家提供良好的购物体验。如何才能让买家快速找到自己想要的商品呢？淘宝搜索引擎会把买家搜索的每个关键词视为一种需求，并通过关键词判断买家到底想要什么商品，然后将合适的商品展示给买家。如果卖家的关键词优化做得好，店铺和商品自然就会优先展示在买家面前。其中，那些与买家搜索的关键词相关性越高的商品的排名越靠前。

本书的第 6、7、8 章着重从优化淘宝搜索排名、店铺优化技巧及商品的视觉营销三个方面介绍了为店铺引流的技巧，避免使用无效的关键词和不符合《淘宝规则》的商品图片，你就能少走弯路，店铺的流量也会更多！

无论是新手和还是老手，都可以利用千牛工作台中的一系列数据分析工具（如生意参谋等）来分析搜索频率高的关键词，并提高主推商品与这些关键词的相关性，还可以了解自己的店铺优化行为是否对店铺流量产生了积极的影响。卖家要多学习、多分析流量数据，学会使用本书介绍的各种引流工具，双管齐下，掌握正确的流量运营方法。

《淘宝网店运营、管理一本就够（全面升级版）》介绍了目前主流的几种引流工具，无论你的店铺目前处于哪一个发展阶段，都可以使用这些工具。例如，卖家可以使用优惠券等免费引流工具为店铺引流。在熟练使用免费引流工具后，卖家还可以做付费推广，如直通车和淘宝客等，让自己的店铺和商品脱颖而出。

通过认真阅读本书并亲自实践，筛选符合自身需求的营销工具和营销思路，相信你的淘宝网店运营、管理水平一定会越来越高。

本书由张发凌策划与组稿，第 1、12 章由张发凌编写，第 2 ~ 6 章由韦余靖编写，第 7 ~ 11 章由王倩编写。

尽管作者希望做到精益求精，但疏漏之处在所难免。如果您在阅读本书的过程中发现了问题，或者有一些好的建议，请发邮件到 witren@sohu.com 与我们交流。

非常感谢您的支持！祝您阅读愉快！

目录

第1章 了解不同类型店铺的注册流程

第2章 轻松管理店铺资金

第 3 章　店铺管理

第 4 章　商品运营

第 5 章　千牛工作台无线运营

第 6 章　优化淘宝搜索排名

第 7 章　店铺优化技巧

第 8 章　商品的视觉营销

第 9 章　店铺装修

第 10 章　付费推广

第 11 章　淘宝客推广

第 12 章　加大推广力度，提升店铺流量

第1章 了解不同类型店铺的注册流程

1.1 个人店铺

只要拥有淘宝网账户，就可以一键免费开店。在开店之前，我们要做好相关准备工作。

1.1.1 开店准备

在开店之前，我们要先确认自己是否具备相应的条件。

- 时间充足。经营淘宝网店既可以全职也可以兼职。
- 货源充足。拥有稳定的货源是开店成功的关键。
- 物流合作。只有选择价格合理、服务优质的物流公司，才能顺利完成交易。

1.1.2 一键开店

现在，在淘宝网上可以一键免费开店。具体操作步骤如下。

❶登录淘宝网，单击"免费开店"链接（见图1-1），进入"淘宝免费开店"页面。

图1-2 单击"个人店铺入驻"按钮

图1-1 单击"免费开店"链接

❷在该页面中单击"个人店铺入驻"按钮（见图1-2），进入"免费开店"页面。

❸在该页面中输入账户名和密码后，单击"0元免费开店"按钮（见图1-3），即可开通淘宝网个人店铺。

图 1-3　单击"0 元免费开店"按钮

❹ 完成开店操作后，可以根据页面

提示发布商品（见图 1-4）。

图 1-4　根据页面提示发布商品页面

1.2　企业店铺

企业店铺是指通过支付宝商家认证，并以工商营业执照开设的店铺。

1.2.1　个人店铺升级为企业店铺的相关要求

个人店铺升级为企业店铺的相关要求如下。

- 如果申请方是接收方企业营业执照的法人，须提供营业执照照片，同时确保申请方的支付宝登记名和身份证号与接收方的支付宝法人名及身份证，以及公示网查询法人名是一致的。
- 如果申请方是接收方个体户营业执照的经营者，须提供营业执照照片，同时确保申请方的支付宝登记名和身份证号与接收方的支付宝经营者名及身份证，以及公示网查询经营者名是一致的。
- 如果申请方是接收方营业执照的股东，须提供营业执照照片，以及公示网能查询到股东信息的截图。

1.2.2　如何注册企业店铺

1. 个人店铺升级为企业店铺

个人店铺可以通过补充材料一键升级为企业店铺，但是营业执照认证将会降为自然人认证。具体操作步骤如下。

❶ 在"店铺升级"页面中单击"立即使用"按钮（见图 1-5），进入"淘宝网经营主体变更"页面。

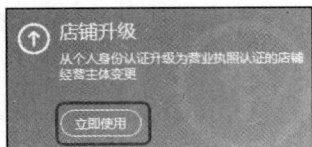
图 1-5　单击"立即使用"按钮

❷ 根据页面提示补充需要的材料并提交信息（见图 1-6）。

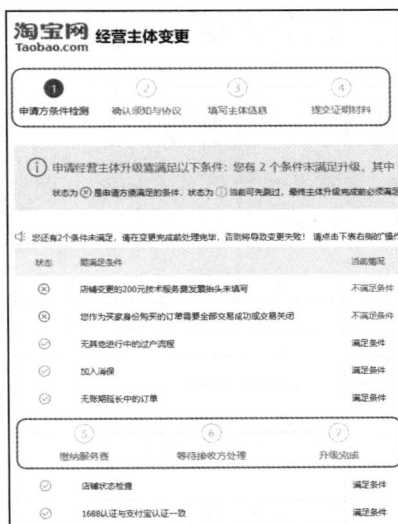
图 1-6　补充材料并提交信息

2. 直接注册企业店铺

直接注册企业店铺的具体操作步骤如下。

❶ 在"淘宝网企业注册"页面中使用邮箱注册淘宝网企业账户（见图 1-7）。

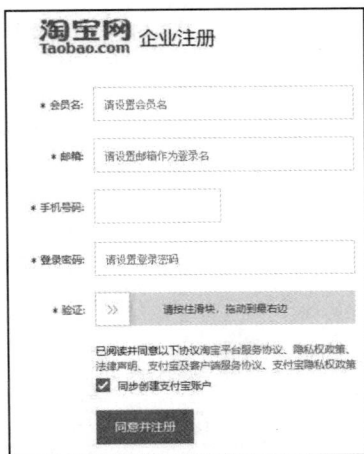
图 1-7　使用邮箱注册淘宝网企业账户

❷ 打开支付宝，在"支付宝 | 企业认证"页面中进行支付宝企业账号认证（见图 1-8）。

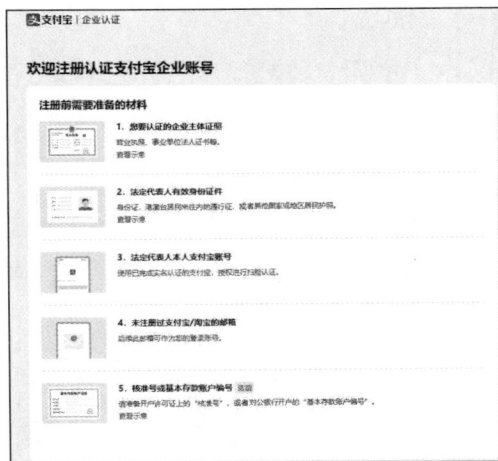
图 1-8　进行支付宝企业账号认证

❸ 支付宝企业账号认证完成后，返回"淘宝网企业注册"页面，根据页面提示完成店铺责任认证后，即可完成企业店铺的注册。

1.3　农村淘宝

农村淘宝是阿里巴巴集团的战略项目之一。农村淘宝的优势如下。

- 搭建县村两级服务网络，设立县服务中心、村服务站，打通县村二段物流。
- 根据农村的特殊场景提供一站式的购物解决方案。
- 农村市场是一个全新的市场。农村淘宝不断发现并满足农村新兴需求，联动商家紧密合作，进行定制化商品、消费者服务和商业模式等多维度的创新。

1.3.1　农村淘宝的入驻要求

无论是个人店铺还是企业店铺，要想入驻农村淘宝，都要满足一些要求。

1. 个人店铺入驻农村淘宝要满足的要求

个人店铺入驻农村淘宝要满足的要求如下。

- 店铺的卖家服务评级系统（Detail Seller Rating，DSR）三项指标的评分均不低于4.6分。
- B类严重违规行为扣0分，A类违规行为扣分≤12分，假货扣0分。
- 店铺开设时间≥365天。
- 店铺好评率≥98%。
- 近一个月人工介入退款笔数占比≤1%或退款笔数≤5笔。
- 店铺信用等级达到一钻以上。

2. 企业店铺入驻农村淘宝要满足的要求

企业店铺入驻农村淘宝要满足的要求如下。

- 店铺的DSR三项指标的评分均不低于4.6分。
- B类严重违规行为扣0分，A类违规行为扣分≤12分，假货扣0分。
- 店铺开设时间≥90天。
- 店铺好评率≥98%。
- 近一个月人工介入退款笔数占比≤1%或退款笔数≤5笔。

1.3.2　入驻农村淘宝

入驻农村淘宝的具体操作步骤如下。

❶ 在"农村淘宝|商家中心"页面中找到"淘宝网"和"天猫"两个标签，单击"淘宝商家入驻村淘"按钮或"天猫商家入驻村淘"按钮（见图1-9），如果淘宝商家或天猫商家符合相关要求，就可以根据页面提示入驻农村淘宝。

图 1-9　单击"淘宝商家入驻村淘"按钮或
"天猫商家入驻村淘"按钮

❷ 在"淘宝商家|营销活动中心"页面中，可以选择想要参加的营销活动（见图1-10）。

图 1-10　选择想要参加的营销活动

提示

目前，海外直邮商家、飞猪商家和淘宝教育商家暂不支持入驻农村淘宝。

1.3.3　农村淘宝合伙人

让家乡人买到物美价廉、品类繁多的商品，并通过电子商务将自家商品销往全国，这些都离不开农村淘宝合伙人。入驻农村淘宝合伙人的具体操作步骤如下。

❶ 在"天猫优品"页面中单击"立即报名"按钮（见图1-11），进入"报名"页面。

图 1-11　单击"立即报名"按钮

❷ 根据页面提示填写基本信息，上传身份证正反面照片，然后单击"提交"按钮（见图 1-12），进入面试环节。

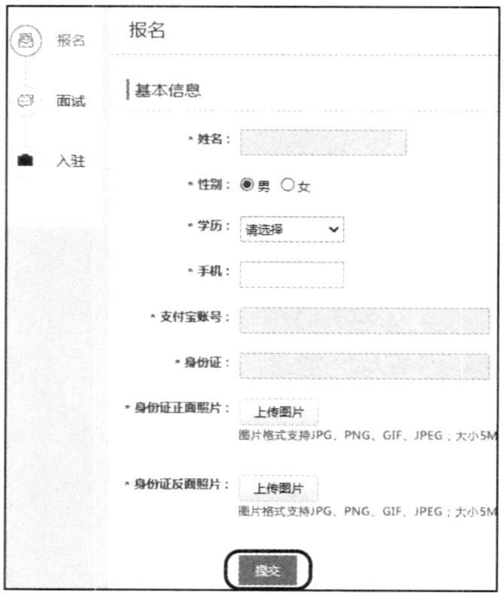

图 1-12　单击"提交"按钮

❸ 完成面试并合格后，申请人即可入驻农村淘宝合伙人。

1.4　极有家

极有家是淘宝网推出的一站式品质筑家平台。商家入驻极有家可以获得以下优势。

- 拥有极有家专属店铺标识。
- 享受持续、稳定的流量扶持政策。
- 获得充足的权益保障。
- 汇聚站内外的各种优质资源。

1.4.1　极有家的入驻规则和角色要求

商家在入驻极有家之前，应先了解极有家的入驻规则和角色要求。

1. 入驻规则

表 1-1 为品牌直营商家需要了解的极有家的入驻规则。

表 1-1　品牌直营商家需要了解的极有家的入驻规则

序号	入驻规则
1	店铺第一主营类目必须在店铺主营类目招商范围内
2	店铺必须加入淘宝客（第一主营类目是全屋定制、装修设计 / 施工 / 监理或室内设计师的店铺无此要求）
3	在线商品数≥ 5 件
4	近 30 天纠纷退款率不超过店铺所在主营类目纠纷退款率均值的 5 倍，且纠纷退款笔数＜ 3 笔

2. 角色要求

极有家平台不收取入驻费用，交易不收取佣金。极有家入驻商家可以结合店铺的实际情况选择适合自己的角色。目前，商家可以选择的角色如下。

- 品牌类商家。
- 商品商家。
- 装修 / 房产商家。
- 导购专家及媒体。

商家只能选择其中一个角色。商家可以按照表 1-2 所示的顺序逐一排查自己是否符合对应角色的报名条件，并尽量选择排名靠前的角色。

表 1-2　商家可以选择的角色

商家	可以选择的角色
知名品牌	品牌直营
	品牌多营
	品牌专卖
有工厂	海外代工
	品质工厂
装修设计服务	装修公司
室内设计师	家装设计师
全屋定制	定制品商家
手工艺品	手工艺人
水族活体、绿植	基地卖家

1.4.2　入驻极有家

入驻极有家的具体操作步骤如下。

❶ 在淘宝家居百货极有家入驻页面中单击"产业带 - 工厂／组货"图标（见图 1-13），即可在打开的隐藏选项中选择适合的工厂类型报名入驻。

图 1-13　单击"产业带 - 工厂／组货"图标

❷ 单击"品牌卖家"图标（见图 1-14），即可在打开的隐藏选项中选择适合的品牌类型报名入驻。

图 1-14　单击"品牌卖家"图标

1.5　造点新货

淘宝众筹已改名为"造点新货"。造点新货是由卖家发起，将具有创新创意的未面市新品，或者正在设计中且有能力、有资质成型的项目方案，通过众筹的方式面向全网消费者筹资，完成项目方案的最终落地，并以商品回报的方式回馈筹资者的众筹平台。

1.5.1　造点新货的入驻须知

表 1-3 为造点新货的入驻须知。

表 1-3　造点新货的入驻须知

序号	入驻须知		
1	淘宝商家须符合《淘宝网营销活动规则》；天猫商家须符合《天猫营销活动基准规则》		
2	签署《造点新货服务协议》		
3	店铺信用等级达到三钻及以上（仅针对淘宝商家）		
4	近 30 天店铺支付宝总成交金额 ≥ 60 000 元		

（续表）

序号	入驻须知
5	店铺主营类目属于以下一级类目之一："零食 / 坚果 / 特产""咖啡 / 麦片 / 冲饮""酒类""茶""粮油米面 / 南北干货 / 调味品""传统滋补营养品""水产肉类 / 新鲜蔬果 / 熟食""保健食品 / 膳食营养补充食品"
6	近半年店铺的 DSR 三项指标的评分均不低于 4.6 分
7	店铺开店时间 ≥ 30 天

1.5.2　入驻造点新货

入驻造点新货的具体操作步骤如下。

❶ 在"造点新货"页面中单击"IP商后台"链接（见图1-15），进入"造点新货 版权商入驻"页面。

图 1-15　单击"IP 商后台"链接

❷ 根据页面提示填写版权商信息和运营人员信息（见图1-16）。

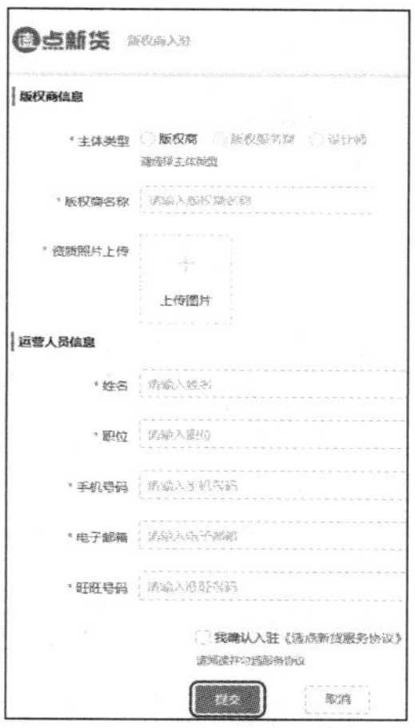

图 1-16　填写版权商信息和运营人员信息

❸ 信息填写完成后，单击"提交"按钮，即可入驻造点新货。

1.5.3　发布众筹

卖家可以在造点新货平台上发布新品项目，等待买家认筹，并在规定的时间内备货、发货。发布众筹的具体操作步骤如下。

❶ 在"造点新货"页面中单击"发布项目"链接（见图1-17），进入"我要发布众筹"页面。

图 1-17　单击"发布项目"链接

9

❷在该页面中选择众筹项目方向后，单击"发布众筹"按钮（见图1-18）。

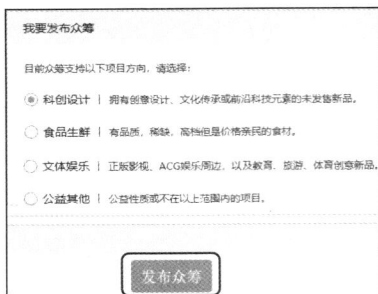

图1-18　单击"发布众筹"按钮

❸此时系统会分析店铺是否达标，根据页面提示补充并完善店铺信息，通过资质检查后即可发布众筹。

1.6　淘宝教育

淘宝教育是教育行业的一个集合页，它里面有大量的课程小程序，通过手机淘宝网和支付宝 App 搜索"淘宝教育"，即可直达"淘宝教育商家"。商家可以在淘宝教育平台上发布各种课程。具体操作步骤如下。

❶在"淘宝教育"页面中单击"发布新课"按钮（见图1-19），进入课程基本信息设置页面。

图1-19　单击"发布新课"按钮

❷根据页面提示填写课程基本信息（见图1-20）。

图1-20　填写课程基本信息

❸信息填写完成后，单击"去设置课程大纲"按钮，进入下一个设置页面。

❹根据页面提示完成课程大纲设置和角色设置。

1.7　全球速卖通

全球速卖通是阿里巴巴集团旗下的面向国际市场的跨境电商平台。全球速卖通主要面向海外客户，通过支付宝国际账户进行担保交易，并使用国际物流渠道运输发货。

1.7.1　全球速卖通的入驻须知

全球速卖通的入驻须知如下。

- 个体工商户和企业均可以入驻全球速卖通。
- 个体工商户或企业最多只能开通六个全球速卖通店铺。
- 个人无法注册全球速卖通。
- 全球速卖通采取保证金和交易佣金的收费模式。交易佣金是指交易完成后收取订单成交总金额（包含产品金额和运费）的 8% 或 5% 的手续费。
- 入驻部分经营大类如美容个护、3C 数码和手机等类目时，须单独提供资质。

1.7.2　入驻全球速卖通

入驻全球速卖通的具体操作步骤如下。

❶ 在"AllExpress 全球速卖通"页面中单击"立即入驻"按钮（见图 1-21），进入"注册账号"页面。

图 1-21　单击"立即入驻"按钮

❷ 根据页面提示填写注册账号、电子邮箱和登录密码等信息（见图 1-22）。

图 1-22　填写注册账号、电子邮箱和登录密码等信息

❸信息填写完成后，单击"下一步"按钮，进入下一个设置页面。

❹根据页面提示完善信息并等待审核。

1.8　阿里巴巴（1688）

如果卖家没有足够的时间和精力去工厂或批发市场进货，就可以在阿里巴巴上寻找合适的货源。如果供货商在自家附近，卖家就可以先到供货商处看商品实物，再在网上下单。

阿里巴巴对货物的起批量是有要求的，起批量越大，价格越低。

1.8.1　入驻阿里巴巴

卖家可以在千牛工作台中使用阿里巴巴批发进货。入驻阿里巴巴的具体操作步骤如下。

❶登录千牛工作台，单击"货源中心"标签下的"批发进货"链接（见图 1-23），进入"1688|淘货源"页面。

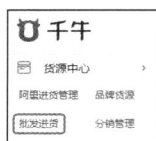

图 1-23　单击"批发进货"链接

❷在该页面中单击"身份认证"链接（见图 1-24），进入"请完善身份信息，加入淘货源 VIP"页面。

图 1-24　单击"身份认证"链接

❸根据页面提示完善身份信息（见图 1-25）。

图 1-25　完善身份信息

❹完善身份信息后，单击"提交买家信息"按钮，即可完成身份认证入驻阿里巴巴。

1.8.2　批量导入订单并下单

如果店铺已经完成了多笔交易订单，卖家就可以在千牛工作台中直接将指定的交易订单导出为表格，再使用"批量下单"功能在阿里巴巴中批发物美价廉的货物。

1. 下载订单报表

下载订单报表的具体操作步骤如下。

❶ 在"我是卖家 > 交易管理 > 已卖出的宝贝"页面中单击"批量导出"按钮（见图 1-26），弹出消息提示框。

图 1-26　单击"批量导出"按钮

❷ 在该提示框中单击"生成报表"按钮（见图 1-27），进入"批量导出"页面。

2. 批量下单

批量下单的具体操作步骤如下。

❶ 在"1688 | 批量下单"页面中单击"淘宝 / 天猫订单"选项卡下的"选择文件并上传"按钮（见图 1-29），弹出"打开"对话框。

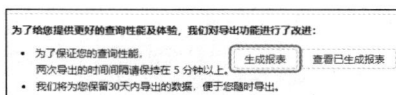

图 1-27　单击"生成报表"按钮

❸ 在该页面中单击"下载订单报表"按钮（见图 1-28），即可下载订单报表

图 1-28　单击"下载订单报表"按钮

❹ 订单报表下载完成后，我们需要将其保存到计算机中的货源管理文件夹，并重命名。

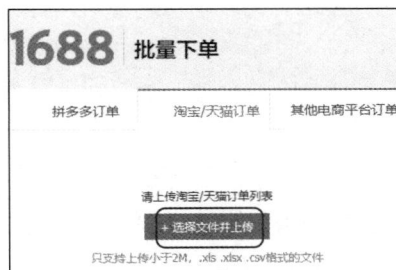

图 1-29　单击"选择文件并上传"按钮

❷ 在该对话框中选择之前保存的文件（见图 1-30）。

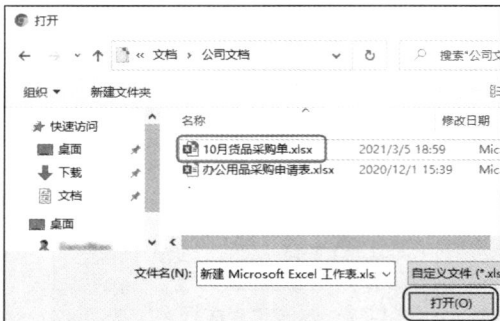

图 1-30　选择之前保存的文件

❸ 文件选择完成后，单击"打开"按钮，即可将指定文件导入并自动批量下单。

1.8.3　1688 淘货源

如果卖家拥有物美价廉的货源，就可以入驻成为 1688 淘货源供应商，为更多淘宝网卖家提供优质便宜的货源，扩大自己的销售渠道。

1. 1688 淘货源的入驻须知

1688 淘货源的入驻须知如下。

● 商家须加入买家保障服务。

● 店铺绑定已通过认证的支付宝账户。

● 店铺近 90 天内的纠纷率低于 0.01%。

● 商家须为阿里巴巴中国站的诚信通会员。

● 店铺违规累计扣分低于 36 分。其中，知识产权侵权累计扣分低于 24 分，且无知识产权严重侵权行为。

● 近 90 天内店铺不存在两次及以上违反《产品品质违规处理规则》第 1-11 条的违规行为。

● 商家近 30 天至少服务过一个淘宝掌柜（至少有一个淘宝掌柜下单交易）。

2. 入驻 1688 淘货源

入驻 1688 淘货源的具体操作步骤如下。

❶ 在 "1688 淘货源" 页面中单击
"免费入驻" 按钮（见图 1-31），进入
1688 淘货源入驻页面。

图 1-31　单击 "免费入驻" 按钮

❷ 根据页面提示申请入驻、发布招
商信息和添加淘货源商品（见图 1-32）。

图 1-32　申请入驻、发布招商信息和添加
淘货源商品

1.9　淘宝直播

淘宝直播是阿里巴巴推出的消费生活类直播平台。图 1-33 为淘宝网 PC 端的 "淘宝直播" 板块。

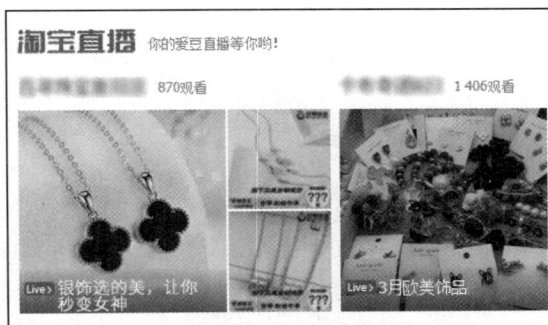

图 1-33　淘宝网 PC 端的 "淘宝直播" 板块

淘宝直播内容包括潮搭美妆、珠宝饰品、美食生鲜、运动健身、母婴育儿、生活家居、健康咨询、在线教育和音乐旅行等。

除了个人主播，淘宝直播目前还拥有数百家直播机构，它们可以为商家提供内容化的一站式服务。

淘宝直播无入驻费、零门槛、简单易操作，是近年来淘宝网店推广店铺和商品的首选。

1.9.1 个人主播入驻淘宝直播

淘宝网卖家可以使用淘宝主播 App 进行直播。

1. 个人主播入驻淘宝直播须知

个人主播入驻淘宝直播须知如下。

● 淘宝网或天猫店铺入驻直播须符合类目要求。

● 淘宝网或天猫店铺入驻直播须符合基础营销规则和综合竞争力的要求。

● 达人入驻直播（无淘宝网或天猫店铺）基本无要求。

2. 入驻淘宝主播

入驻淘宝主播的具体操作步骤如下。

❶ 在手机上下载淘宝主播 App（见图 1-34）。

图 1-34　下载淘宝主播 App

❷ 打开淘宝主播 App，点触"立即入驻，即可开启直播"按钮（见图 1-35），进入"主播入驻"页面。

图 1-35　点触"立即入驻，即可开启直播"按钮

❸ 在该页面中点触"完成"按钮（见图 1-36），进入"实人认证服务"页面。

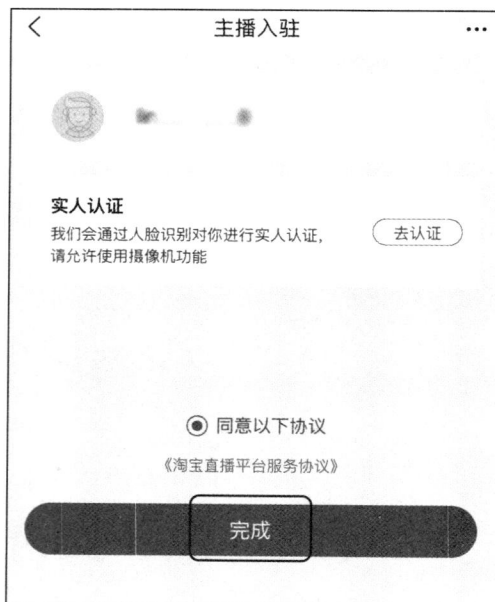

图 1-36　点触"完成"按钮

❹ 在该页面中点触"同意协议，开始认证"按钮（见图 1-37），即可进行淘宝主播入驻认证。

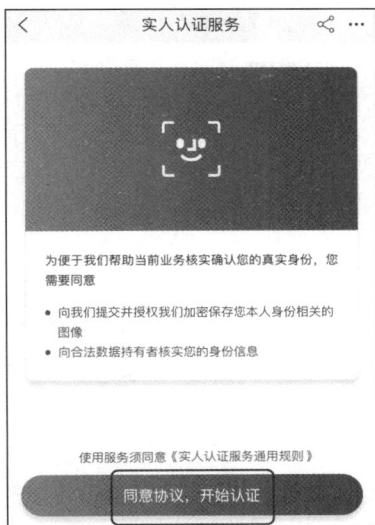

图 1-37　点触"同意协议，开始认证"按钮

❺ 完成淘宝主播入驻认证后，点触"立即开播"按钮（见图 1-38），进入直播间信息设置页面。

图 1-38　点触"立即开播"按钮

❻ 在该页面中设置直播间名称及具体信息后，点触"开始直播"按钮（见图 1-39），即可进入直播间进行直播。

图 1-39　点触"开始直播"按钮

提示

　　新店铺且店铺商品无销量的卖家在入驻淘宝主播时，系统会提示类目不符合要求，必须先有商品销量且 24 小时后才能申请入驻。

1.9.2 机构主播入驻淘宝直播

机构主播即淘宝多频道网络（Multi Channel Network，MCN）主播，是指具有淘宝网认证资格的专业机构主播。淘宝网希望通过与 MCN 合作，共同培育建设优质的达人账号和内容，提升内容价值，促进消费升级。

机构主播主要有以下三种类型。

- 传统媒体，包括电视台、平面媒体等，以及栏目号、节目号、频道号及主持人号、记者号、编导号、评论员号等。
- 网络媒体，包括综合性网站媒体及垂直行业网站。
- 新媒体，包括但不限于自媒体号、各行业关键意见领袖（Key Opinion Leader，KOL）等账号。

1. 机构主播入驻淘宝直播须知

机构主播入驻淘宝直播须知如下。

- 公司为一般纳税人。
- 公司注册资金不低于 50 万元。
- 公司有一定的优质达人资源及市场策划和宣传能力。

2. 机构主播入驻淘宝直播的流程

机构主播入驻淘宝直播的流程如下。

- 机构通过线上认证流程入驻机构主播时，需要开通专业生产内容（Professional Generated Content，PGC）业务。机构提交申请并审核通过后，就可以缴纳保证金，即可开通；若审核未通过，则会以发送邮件/短信的方式通知机构未通过的原因，也可登录机构后台查询原因。
- 完成入驻流程且已开通 PGC 业务的机构，将媒体直播账号绑定到媒体入驻的机构下，并用媒体直播账号登录淘宝主播 App 完成实人认证。

机构主播入驻淘宝主播之前，需要先注册支付宝企业账户。注册支付宝企业账户的具体操作步骤如下。

❶ 在"支付宝"的"首页"页面中，
单击"立即注册"按钮（见图 1-40），进
入"创建账户"页面。

图 1-40　单击"立即注册"按钮

❷ 在该页面中选择"企业账户"进
行注册，填写账户名和验证码，然后单
击"下一步"按钮（见图 1-41），进入下
一个设置页面。

图 1-41　单击"下一步"按钮

❸ 根据页面提示填写账户信息。

❹ 账户信息填写完成后，使用媒体
直播账号登录淘宝主播 App 完成企业实
名认证。

❺ 企业实名认证完成后，即可成功
注册支付宝企业账户。

第2章 轻松管理店铺资金

2.1 用支付宝管理店铺资金

淘宝网卖家可以使用支付宝随时随地管理店铺资金，了解店铺的收支情况，并通过一些实用功能为自己的店铺获得更多的权益，吸引更多的流量。

2.1.1 手机支付宝的四大优势

手机支付宝的四大优势如下。

- 及时到账。卖家可以将支付宝账户与淘宝网账户绑定。卖家无须到银行查账，支付宝会即时告知卖家买家的付款情况，省心、省力、省时。
- 安全保障。卖家只有完成实名认证才能注册及登录支付宝账户，多重保障让交易更安全。
- 账目分明。交易管理可以帮助卖家清晰地记录每一笔交易的详细信息，并按照月度、季度和年度统计收入与支出情况。
- 信用功能。花呗和借呗与银行发行的信用卡功能类似。很多买家在消费时会选择使用花呗，因为没有烦琐的办卡手续，所有操作都可以在手机上完成。借呗则让买家借钱的手续更简单、更便捷。

2.1.2 加入支付宝商家服务，随时查看账单记录

手机支付宝为商家提供了"商家服务"功能。商家成为收钱码商家后，就可以随时查看账单记录了。具体操作步骤如下。

❶ 打开手机支付宝，在搜索框中输入"商家服务"，在搜索结果页面中点触"商家服务 - 服务"图标（见图 2-1），进入"支付宝商家服务"页面。

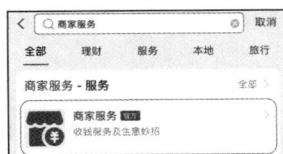

图 2-1 点触"商家服务 - 服务"图标

❷ 在该页面中点触"同意协议并成为收钱码商家"按钮（见图2-2）。

图 2-2　点触"同意协议并成为收钱码商家"按钮

❸ 在新打开的页面中点触"查看明细"按钮（见图2-3），即可查看近期的账单记录（见图2-4）。

图 2-3　点触"查看明细"按钮

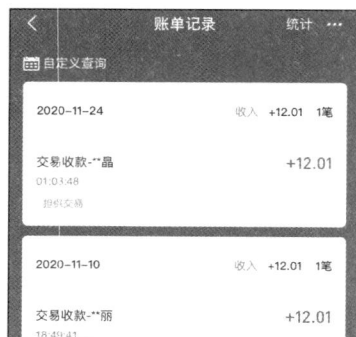

图 2-4　查看近期的账单记录

2.1.3　将支付宝账户余额提现到银行卡

淘宝网店的每一笔订单都会经过第三方账户即支付宝，卖家可以将支付宝账户内的余额提现到绑定的银行卡中。具体操作步骤如下。

❶ 打开手机支付宝，在"我的"选项卡中点触"银行卡"链接（见图2-5），进入"银行卡"页面。

图 2-5　点触"银行卡"链接

❷ 该页面中列出了所有已绑定的银行卡，点触相应的银行卡图标（见图2-6）。

图 2-6　点触相应的银行卡图标

❸ 在新打开的页面中,点触"转账到此银行卡"链接(见图 2-7),进入"转到银行卡"页面,根据页面提示输入转账金额(见图 2-8)。

图 2-7　点触"转账到此银行卡"链接

图 2-8　输入转账金额

2.1.4　查看店铺收支明细,掌握盈亏情况

支付宝会记录店铺每日、每周和每月的总收入与总支出。卖家通过支付宝可以随时随地查看店铺收支明细。具体操作步骤如下。

❶ 在"账单记录"页面中点触"自定义查询"链接(见图 2-9),进入"自定义查询"页面。

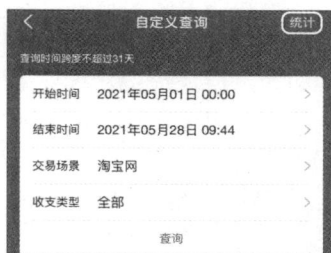

图 2-10　点触"统计"链接

❸ 切换至"按月"选项卡,可以查看指定月份的店铺收支明细(见图 2-11)。

图 2-9　点触"自定义查询"链接

❷ 根据页面提示设置开始时间、结束时间、交易场景及收支类型。设置完成后,点触"统计"链接(见图 2-10),进入"统计"页面。

图 2-11　查看指定月份的店铺收支明细

2.1.5　使用记账本功能掌握店铺月收入情况

卖家可以使用支付宝的"记账本"功能查看店铺每月的收支明细，还可以根据统计的当月每日交易额数据分析店铺的经营情况。具体操作步骤如下。

❶ 打开手机支付宝，点触"全部"图标（见图2-12），进入"我的应用"页面。

图2-12　点触"全部"图标

❷ 在"便民生活"栏下点触"记账本"图标（见图2-13），进入"账本统计"页面。

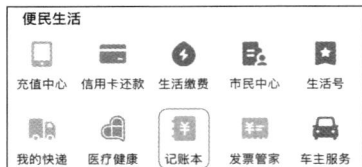

图2-13　点触"记账本"图标

❸ 在该页面中可以查看指定月份的店铺收支明细，包括本月收入、收入笔数和收入趋势等（见图2-14）。

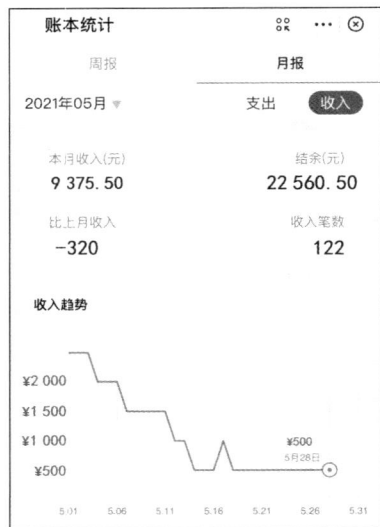

图2-14　查看指定月份的店铺收支明细

2.1.6　用余额宝实现"钱生钱"

余额宝是支付宝提供给用户的一个安全、便捷的理财工具。卖家可以将营业收入自动转入余额宝账户，实现"钱生钱"。具体操作步骤如下。

❶ 打开手机支付宝，点触"余额宝"图标（见图2-15），进入"余额宝"页面。

图2-15　点触"余额宝"图标

❷ 在该页面中点触"转入"按钮
（见图 2-16），进入"转入余额宝"页面。

图 2-16　点触"转入"按钮

❸ 在该页面中输入转入金额后，点

触"确认转入"按钮（见图 2-17），即可
将资金转入余额宝账户。

图 2-17　点触"确认转入"按钮

2.2　用花呗吸引提前消费的买家

花呗可以帮助买家借助透支或分期付款买到自己心仪的商品。卖家可以为店铺内的
商品开通分期付款，以吸引更多的买家。

2.2.1　开通花呗服务

开通花呗服务的具体操作步骤如下。

❶ 打开手机支付宝，在搜索框内输
入"花呗"，在搜索结果页面中点触"花
呗"图标（见图 2-18）。

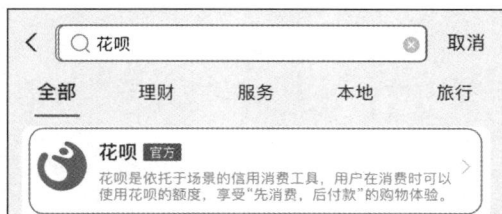

图 2-18　点触"花呗"图标

❷ 在新打开的页面中点触"开通蚂

蚁花呗"按钮（见图 2-19），即可开通花
呗服务。

图 2-19　点触"开通蚂蚁花呗"按钮

2.2.2　花呗如何分期还款

花呗主要有自动还款和分期还款两种还款方式。

用户可以选购支持花呗分期的商品，选择分期期数，在确认收货后的账单日形成当期账单，在还款日前进行还款。

花呗分期付款包括 3 期、6 期、9 期和 12 期四种。

第3章　店铺管理

3.1　图片管理

发布宝贝之前，卖家需要编辑宝贝的名称、属性及图片。

3.1.1　图片空间管理

卖家可以对图片进行分类管理。

1. 创建文件夹

卖家可以根据店铺装修的需要，在图片空间中创建多个文件夹，如宝贝主图、促销页面设计图等。具体操作步骤如下。

❶ 登录千牛工作台，单击"店铺管理"标签下的"图片空间"链接（见图 3-1），进入图片空间页面。

图 3-1　单击"图片空间"链接

❷ 在该页面中单击"新建文件夹"按钮（见图 3-2），弹出"新建文件夹"对话框。

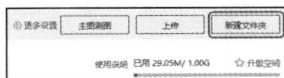

图 3-2　单击"新建文件夹"按钮

❸ 在该对话框中选择"店铺装修"文件夹后，在"分组名称"的文本框内

输入"宝贝主图"，然后单击"确定"按钮（见图 3-3），返回图片空间页面。此时可以看到已创建的文件夹（见图 3-4）。

图 3-3　单击"确定"按钮

图 3-4　已创建的文件夹

2. 上传宝贝图片

创建好文件夹后，卖家可以在文件夹里上传宝贝图片。具体操作步骤如下。

❶ 在"淘宝旺铺"的图片空间页面中双击"宝贝主图"文件夹图标（见图 3-5），弹出"上传图片"对话框。

图 3-5　双击"宝贝主图"文件夹图标

❷ 打开宝贝主图文件夹，选择图片并将其拖放到对话框中的空白位置处（见图 3-6），然后单击"确定"按钮，返回图片空间页面。

图 3-6　选择图片并将其拖放到对话框中的空白位置处

❸ 在该页面中可以看到已上传的宝贝主图（见图 3-7）。

图 3-7　已上传的宝贝主图

3. 复制图片链接

图片空间页面里的图片可以直接复制，也可以复制其链接。具体操作步骤如下。

❶ 在"淘宝旺铺"的图片空间页面中找到需要复制图片链接的宝贝图片，然后将鼠标指针放在该图片的下方，直至出现"复制图片""复制链接"和"复制代码"这三个按钮。

❷ 单击"复制链接"按钮（见图 3-8），即可复制该图片的链接。

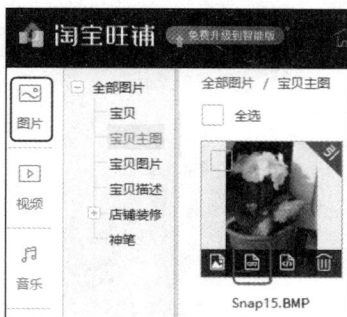

图 3-8　单击"复制链接"按钮

❸ 在"分类管理"页面中单击"编辑"按钮（见图 3-9）后会出现图 3-10 所示的弹窗，选中"内部图片地址"单选按钮，将复制的图片链接粘贴到地址框里。

❹ 粘贴完成后，单击"确定"按钮，返回"分类管理"页面。

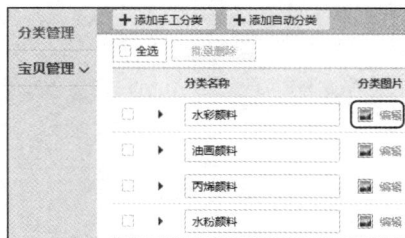

图 3-9　单击"编辑"按钮

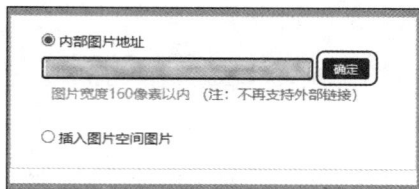

图 3-10　弹窗

❺ 在该页面中将鼠标指针指向"编辑"按钮（见图 3-11），即可看到已添加的图片的效果。

图 3-11　将鼠标指针指向"编辑"按钮

4. 添加图片水印

为了防止他人盗图，卖家可以为宝贝图片添加图片水印。具体操作步骤如下。

❶ 在"淘宝旺铺"的图片空间页面中单击"更多设置"标签下的"水印设置"链接（见图 3-12），弹出"水印设置"对话框。

图 3-12　单击"水印设置"链接

❷ 在该对话框中单击"上传图片"按钮（见图3-13），弹出"打开"对话框。

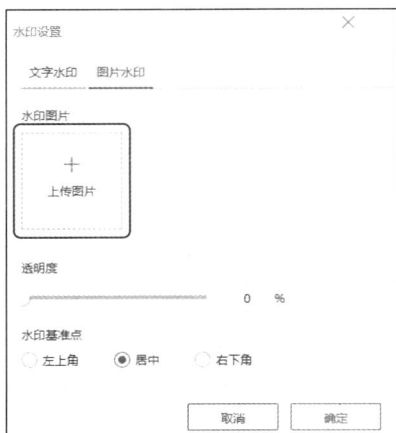

图 3-13　单击"上传图片"按钮

❸ 在该对话框中选择要作为水印图片的文件后，单击"打开"按钮（见图3-14），返回"水印设置"对话框，即可看到添加图片水印的图片效果。

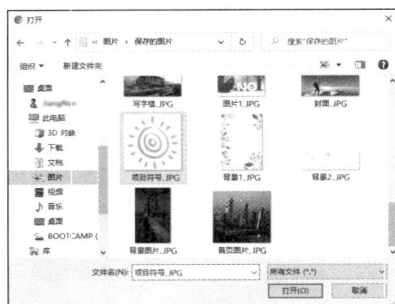

图 3-14　单击"打开"按钮

❹ 根据需要还可以设置图片水印的各项参数。设置完成后，单击"确定"按钮（见图3-15），即可保存设置。

图 3-15　单击"确定"按钮

5. 美化图片

卖家可以使用"网店秀"这一工具美化图片。具体操作步骤如下。

❶ 单击"更多设置"标签下的"网店秀"链接（见图3-16），弹出"选择图片"对话框。

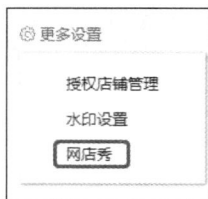

图 3-16　单击"网店秀"链接

❷ 在该对话框中选择一张图片后，单击"确定"按钮（见图3-17）。

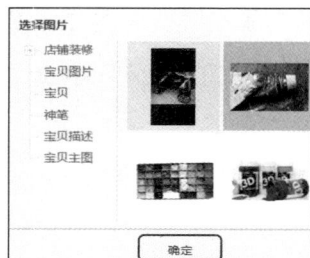

图 3-17　单击"确定"按钮

❸ 在下方的页面中切换至"文字"选项卡，可以在图片上添加文字（见图 3-18）。

❹ 切换至"特效"选项卡，可以在左侧的列表中选择特效样式（见图 3-19）。

图 3-19　选择特效样式

图 3-18　在图片上添加文字

3.1.2　宝贝分类管理

卖家设置宝贝分类的目的是方便买家查找商品。本小节将介绍可以帮助店铺引流的宝贝分类设计，以及如何设置宝贝分类。

1. 宝贝分类设计

下面介绍几种可以帮助店铺获得更多浏览量的宝贝分类设计。

- 纯文字描述是最基本、最常见的宝贝分类设计。例如，化妆品可以按照产品的功效、系列设计宝贝分类（见图 3-20）。
- 一般在导航栏都会设计一个简洁的类目。图 3-21 为某品牌行李箱的宝贝分类设计，将文字和虚线相结合，可以清晰地划分宝贝类别。
- 卖家可以按照促销活动名称设计宝贝分类（见图 3-22），如"聚划算""开仓特卖"等，帮助买家快速找到参加促销活动的宝贝。
- 除了前面介绍的纯文字宝贝分类设计，还有一种常见的宝贝分类设计，即文字和图形搭配。图 3-23 为母婴用品的宝贝分类设计。

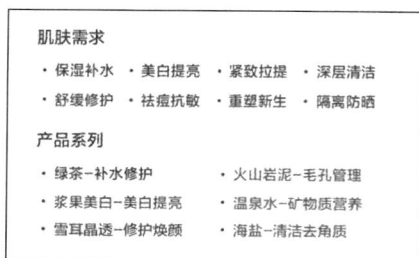

图 3-20　按照产品的功效、系列设计宝贝分类

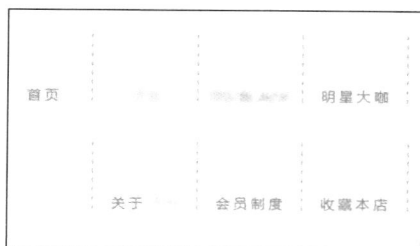

图 3-21　某品牌行李箱的宝贝分类设计

图 3-22　按照促销活动名称设计宝贝分类

图 3-23　母婴用品的宝贝分类设计

2. 设置宝贝分类

设置宝贝分类的具体操作步骤如下。

❶ 登录千牛工作台，单击"店铺管理"标签列表中的"宝贝分类管理"链接（见图 3-24），进入"分类管理"页面。

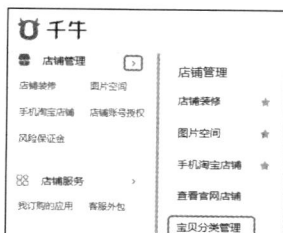

图 3-24　单击"宝贝分类管理"链接

❷ 在该页面中单击"添加手工分类"按钮（见图 3-25），激活分类输入状态，在文本框内输入分类名称。

图 3-25　单击"添加手工分类"按钮

❸ 分类名称输入完成后，该分类下方会自动显示"添加子分类"。单击"添加子分类"按钮（见图 3-26），激活子分类输入状态。

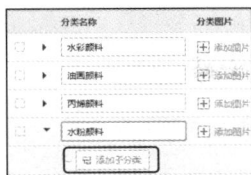

图 3-26　单击"添加子分类"按钮

❹ 在文本框内输入子分类名称（见图 3-27）。

图 3-27　输入子分类名称

❺ 子分类名称输入完成后，单击"保存更改"按钮（见图 3-28），即可完成宝贝分类的设置。

图 3-28　单击"保存更改"按钮

提示

　　如果要创建子分类，必须先选择已创建好的某个分类名称，再添加手工分类，否则系统会默认创建同一级别的分类。

3.2　发布宝贝

　　千牛手机客户端和 PC 端发布宝贝的步骤基本一致，都要事先将宝贝图片储存在手机或计算机的指定位置，再分别设置宝贝的名称、分类和价格等信息。

3.2.1　发布单个宝贝

　　发布单个宝贝的具体操作步骤如下。

❶ 登录千牛工作台，单击"宝贝管理"标签下的"发布宝贝"链接（见图 3-29），进入"淘宝网商品发布"页面。

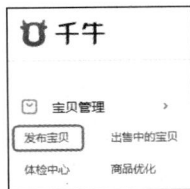

图 3-29　单击"发布宝贝"链接

❷ 切换至"一口价"选项卡，在类目搜索框内输入"植物"（见图 3-30）。

图 3-30　在类目搜索框内输入"植物"

❸ 二级类目和三级类目选择完成后，单击"下一步，发布商品"按钮（见图 3-31），进入"基础信息"页面。

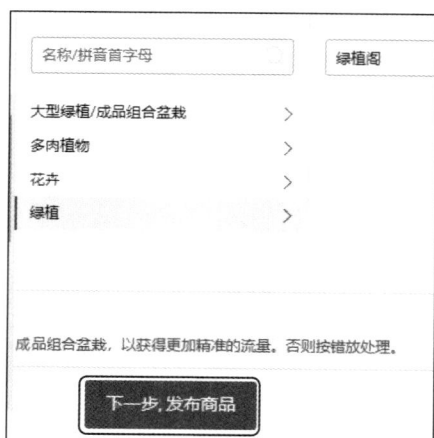

图 3-31　单击"下一步，发布商品"按钮

❹ 根据页面提示设置宝贝的基础信息（见图 3-32）。

图 3-32　设置宝贝的基础信息

❺ 在"销售信息"页面中单击"添加上传图片"按钮（见图 3-33），根据需要选择相应的图片，并将其添加至宝贝主图（见图 3-34）。

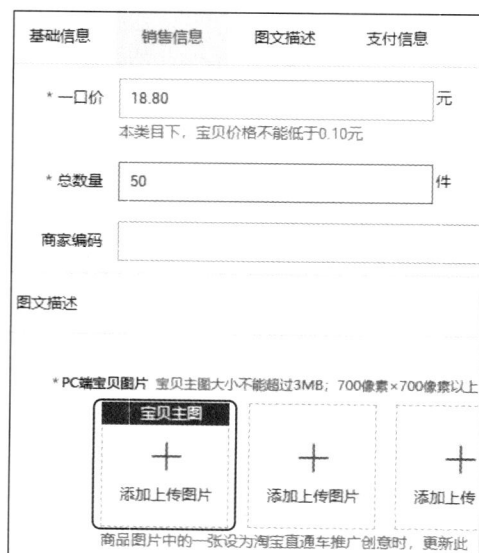

图 3-33　单击"添加上传图片"按钮

图 3-34　选择图片并将其添加至宝贝主图

图 3-35 ）。

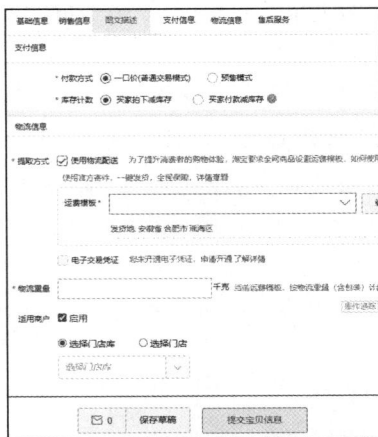

图 3-35　设置支付信息、物流信息及适用商户

❻ 在"图文描述"页面中设置支付信息、物流信息及适用商户（见

❼ 设置完成后，单击"提交宝贝信息"按钮，即可发布该宝贝。

3.2.2　修改宝贝价格

卖家可以在"出售中的宝贝"页面中修改宝贝价格。具体操作步骤如下。

❶ 登录千牛工作台，单击"宝贝管理"标签下的"出售中的宝贝"链接（见图 3-36），进入"出售中的宝贝"页面。

图 3-37　单击"编辑价格"按钮

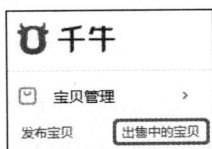

图 3-36　单击"出售中的宝贝"链接

❸ 在该页面中的"价格"文本框内输入商品价格，然后单击"提交"按钮（见图 3-38），即可完成宝贝价格的修改。

❷ 在该页面中单击需要修改价格宝贝右侧的"编辑价格"按钮（见图 3-37），进入"编辑商品价格"页面。

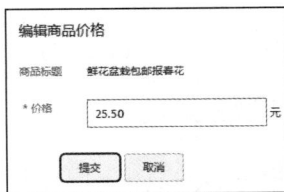

图 3-38　单击"提交"按钮

3.2.3　修改宝贝信息

卖家可以在"出售中的宝贝"页面中修改宝贝信息。具体操作步骤如下。

❶ 在"出售中的宝贝"页面中单击需要修改价格宝贝右侧的"编辑商品"链接（见图 3-39），进入宝贝信息设置页面。

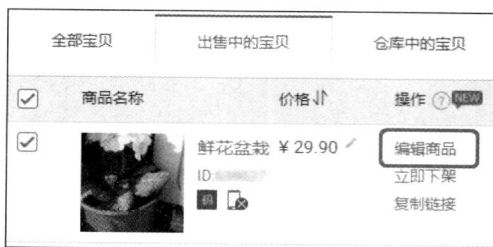

图 3-39　单击"编辑商品"链接

❷ 根据需要切换选项卡，修改宝贝的基础信息、销售信息、图文描述、支付信息及物流信息（见图 3-40）。

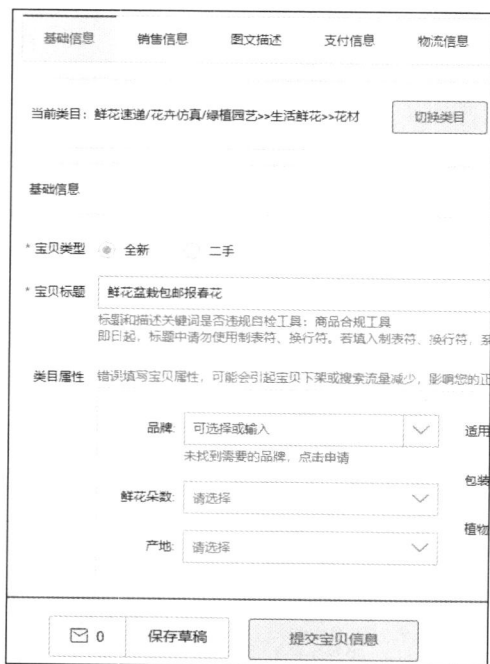

图 3-40　修改宝贝的相关信息

❸ 信息修改完成后，单击"提交宝贝信息"按钮，即可完成宝贝信息的修改。

3.3　批量发布宝贝

卖家可以使用"淘宝助理"这一工具批量发布宝贝。其强大的批处理功能节省了卖家创建、上传宝贝的时间，极大地提升了工作效率，使卖家有更多的时间关注店铺经营和其他工作。

3.3.1　创建宝贝

使用淘宝助理创建宝贝的具体操作步骤如下。

❶ 在"淘宝助理"页面中单击"宝贝管理"选项卡下的"创建宝贝"链接（见图 3-41），进入"创建宝贝"页面。

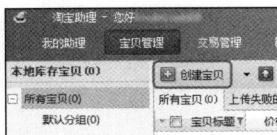

图 3-41　单击"创建宝贝"链接

❷ 在该页面中单击"选类目"按钮（见图 3-42），弹出"选择类目"对话框。

图 3-42　单击"选类目"按钮

❸ 在该对话框中选择合适的宝贝类目后，单击"确定"按钮（见图 3-43），进入"编辑宝贝"页面。

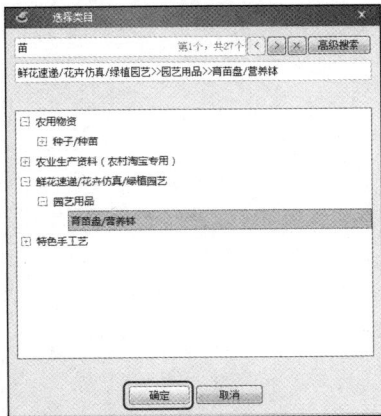

图 3-43　单击"确定"按钮

❹ 切换至"基本信息"选项卡，设置宝贝标题、宝贝卖点及一口价等信息。设置完成后，单击"保存并上传"按钮（见图 3-44），进入"选择图片"页面。

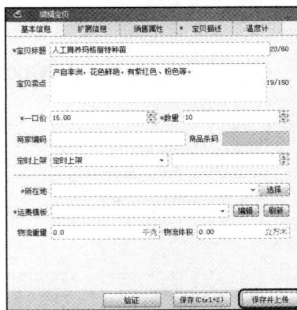

图 3-44　单击"保存并上传"按钮

❺ 切换至"本地图片"选项卡，单击"选择要上传的图片"按钮（见图 3-45），弹出"选择图片"对话框。

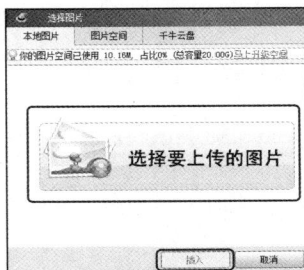

图 3-45　单击"选择要上传的图片"按钮

❻ 在该对话框中选择合适的图片后，单击"打开"按钮（见图 3-46）。

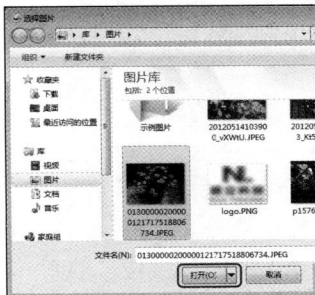

图 3-46　单击"打开"按钮

❼ 返回"选择图片"页面，切换至"本地图片"选项卡，单击"插入"按钮，即可完成宝贝图片的上传。

❽ 返回"编辑宝贝"页面，切换至"销售属性"选项卡，设置宝贝的颜色及价格（见图3-47）。

图 3-47　设置宝贝的颜色及价格

❾ 切换至"宝贝描述"选项卡，添加宝贝描述文字（见图3-48）。

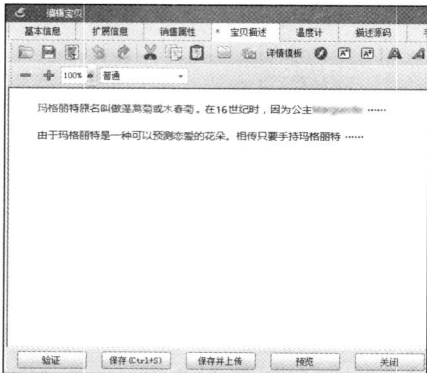

图 3-48　添加宝贝描述文字

3.3.2　批量上传宝贝

批量上传宝贝的具体操作步骤如下。

❶ 按照前面介绍的创建宝贝的方法，再次编辑一个或多个宝贝信息，之后可以在"宝贝管理"页面中查看所有宝贝信息。单击"上传宝贝"链接（见图3-49），进入"上传宝贝"页面。

图 3-49　单击"上传宝贝"链接

❷ 在该页面中单击"上传"按钮（见图3-50），即可上传宝贝。

图 3-50　单击"上传"按钮

❸ 当看到上传成功的提示信息时，单击"完成"按钮，即可完成已创建的多个宝贝的批量快速上传。

3.4　物流管理

物流是商品交易的最后一环。卖家要按时将商品完好无损地送至买家手中。

3.4.1　发货管理

发货管理的具体操作步骤如下。

❶ 登录千牛工作台，单击"物流管理"标签下的"发货"链接（见图 3-51），进入"我是卖家 > 物流管理 > 发货"页面。

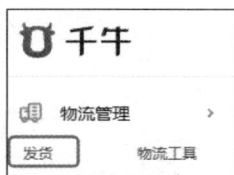

图 3-51　单击"发货"链接

❷ 根据页面提示设置发货信息（见图 3-52）。

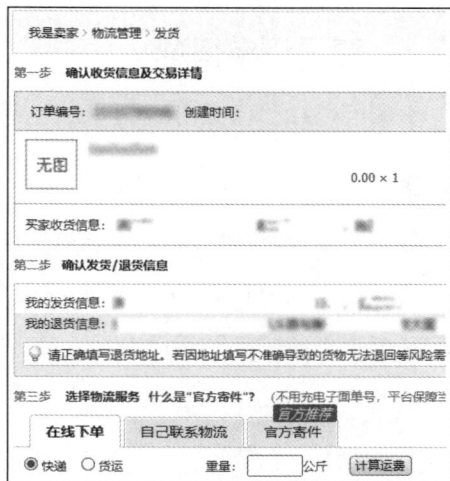

图 3-52　设置发货信息

3.4.2　快速寄件

卖家可以在千牛工作台上选择合适的快递公司，并直接在网上下单，实现快速寄件。具体操作步骤如下。

❶ 登录千牛工作台，单击"物流管理"标签下的"我要寄快递"链接（见图 3-53），进入"我是卖家 > 物流管理 >"页面。

图 3-53　单击"我要寄快递"链接

❷ 根据页面提示创建时间范围，设置地址范围，选择待寄件的订单，并通知快递员揽收（见图 3-54）。

图 3-54　根据页面提示完成快速寄件的操作

3.5　店铺交易管理

卖家平时要做好店铺交易管理。

3.5.1　查看订单情况

卖家可以在"已卖出的宝贝"页面中查看订单情况。具体操作步骤如下。

❶ 登录千牛工作台，单击"交易管理"标签列表中的"已卖出的宝贝"链接（见图3-55），进入"我是卖家>交易管理>已卖出的宝贝"页面。

图 3-55　单击"已卖出的宝贝"链接

❷ 在该页面中可以查看近三个月的订单情况（见图3-56）。

图 3-56　查看近三个月的订单情况

3.5.2　评价管理

及时了解买家的评价情况，有助于卖家做好售后服务。评价管理的具体操作步骤如下。

❶ 登录千牛工作台，单击"交易管理"标签列表中的"评价管理"链接（见图3-57），进入"评价中心"页面。

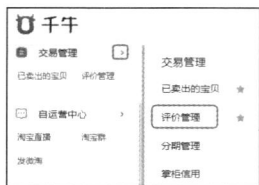

图 3-57　单击"评价管理"链接

❷ 在"数据概览"页面中可以查看店铺近期的评价数据情况（见图3-58）。

图 3-58　查看店铺近期的评价数据情况

❸ 在"评价管理"页面中可以查看历史评价情况（见图 3-59）。

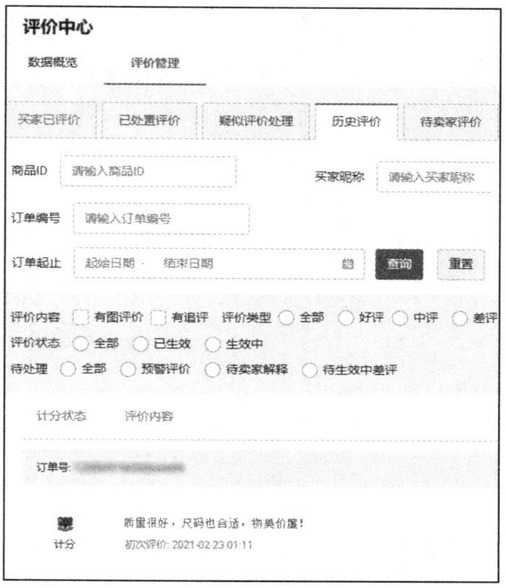

图 3-59　查看历史评价情况

3.5.3　花呗分期免息交易管理

花呗分期免息营销在提高店铺交易额、提升转化率和客单价上有很明显的效果。卖家可以多参加花呗分期免息营销活动。图 3-60 为设置了 24 期分期免息付款的宝贝。

图 3-60　设置了 24 期分期免息付款的宝贝

花呗分期免息营销的优势如下。

- 让暂时没有足够消费能力的买家也能拥有购买能力。
- 提高单次销售额。
- 提高店铺整体的销售额。

1. 开通花呗分期免息服务

开通花呗分期免息服务的具体操作步骤如下。

❶ 登录千牛工作台，单击"交易管理"标签列表中的"分期管理"链接（见图3-61）。

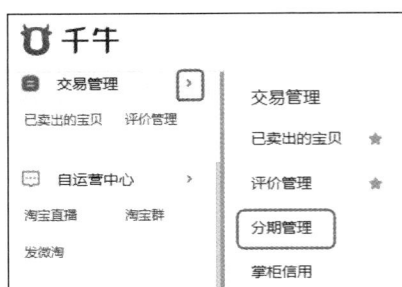

图3-61 单击"分期管理"链接

❷ 在新打开的页面中单击"去签署协议"按钮（见图3-62）。

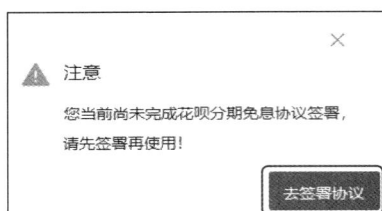

图3-62 单击"去签署协议"按钮

❸ 在"营销工具"页面中单击"花呗分期免息"图标下的"立即开通"按钮（见图3-63），进入分期免息服务开通页面。

图3-63 单击"立即开通"按钮

❹ 该页面中显示了不同分期期数的费率情况，单击"立即开通"按钮（见图3-64），弹出"查看协议"提示框。

图3-64 单击"立即开通"按钮

❺ 该提示框中显示了《服务协议》的内容。单击"同意协议并开通"按钮（见图3-65），即可开通花呗分期免息服务。

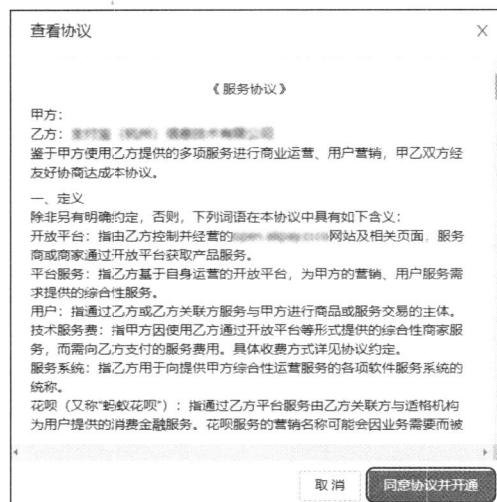

图3-65 单击"同意协议并开通"按钮

2. 创建分期免息活动

创建分期免息（本例选择"12 期免息"）活动的具体操作步骤如下。

❶ 在"分期免息"页面中单击"12期免息"图标（见图 3-66），进入"分期免息 > 新建活动"页面。

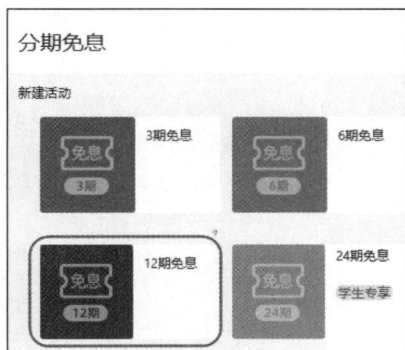

图 3-66　单击"12 期免息"图标

❷ 根据页面提示设置 12 期免息活动的基本信息（见图 3-67）。

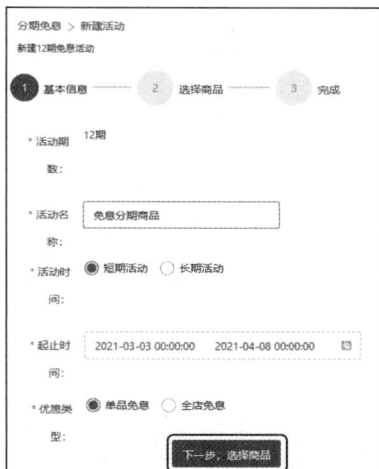

图 3-67　设置 12 期免息活动的基本信息

❸ 信息设置完成后，单击"下一步，选择商品"按钮，进入下一个设置页面，根据页面提示完成 12 期免息活动的创建。

3.6　了解店铺的各项数据

卖家可以在千牛工作台的"体检中心"里了解店铺的各项数据。具体操作步骤如下。

❶ 登录千牛工作台，单击"宝贝管理"标签下的"体检中心"链接（见图 3-68），进入"营商保店铺体检"页面。

图 3-68　单击"体检中心"链接

❷ 该页面中显示了店铺的风险分析及违规处理等统计结果（见图 3-69）。

图 3-69　店铺的风险分析及违规处理等统计
结果

❸ 要想进一步了解店铺的各项数据，可以单击"立即检测"按钮，进入详细分析结果页面。

3.7　进货管理

卖家可以在相关的批发网站上进货。

3.7.1　阿里进货管理

阿里进货管理的具体操作步骤如下。

❶ 登录千牛工作台，单击"货源中心"标签下的"阿里进货管理"链接（见图 3-70），进入"货源中心"页面。

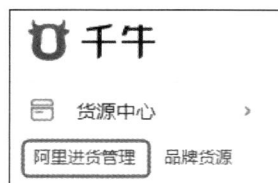

图 3-70　单击"阿里进货管理"链接

❷ 该页面中显示了店铺近三个月的订单情况。选择要付款的订单后，单击"合并付款"按钮（见图 3-71），即可完成合并付款。

图 3-71　单击"合并付款"按钮

3.7.2 分销管理

分销管理的具体操作步骤如下。

❶ 登录千牛工作台，单击"货源中心"标签下的"分销管理"链接（见图 3-72），进入"我是卖家，我要找货源"页面。

图 3-72 单击"分销管理"链接

❷ 在该页面中单击"分销商入驻"按钮（见图 3-73）。

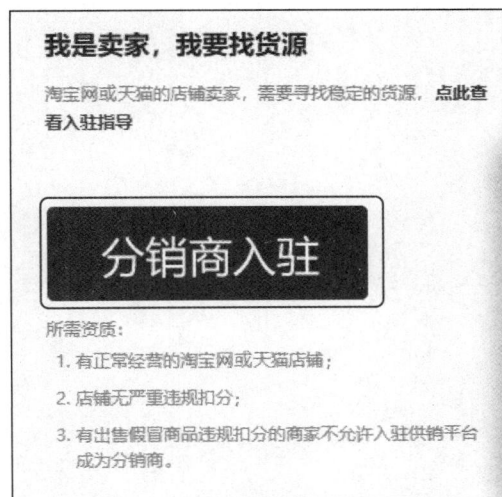

图 3-73 单击"分销商入驻"按钮

❸ 在新打开的页面中填写店铺基本信息和联系人信息，并登记货源需求（见图 3-74）。

图 3-74 填写店铺基本信息和联系人信息，并登记货源需求

❹ 信息填写完成并登记货源需求后，单击"提交"按钮。

第4章　商品运营

4.1　淘宝直播推广商品

很多淘宝网卖家利用淘宝直播推广店铺内的商品。图4-1为手机淘宝网中的"淘宝直播"板块。

图4-1　手机淘宝网中的"淘宝直播"板块

4.1.1　利用淘宝直播为店铺引流

开通淘宝直播后，卖家可以利用以下方式为店铺引流。

- 直播中控台进行粉丝推送。
- 邀请亲朋好友转发直播间链接。
- 通过分享优惠券或分享抽奖等方式，让粉丝拉上朋友一起来直播间领券或抽奖等。

4.1.2　使用点淘拍视频

卖家可以在点淘 App 中拍视频。具体操作步骤如下。

❶ 在手机上下载并安装点淘 App（见图 4-2）。

图 4-2　在手机上下载并安装点淘 App

❷ 打开点淘 App，可以选择手机淘宝或支付宝快速登录，也可以选择手机快捷登录（见图 4-3）。

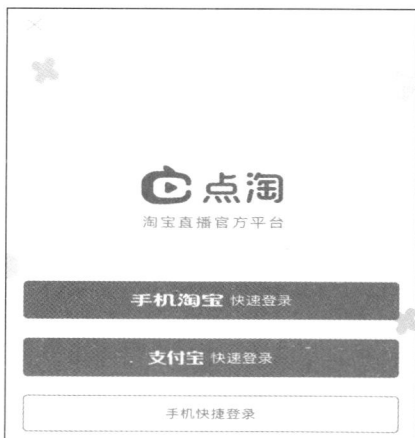

图 4-3　登录点淘

❸ 在"我的"页面中点触"视频"选项卡下的"录制视频"按钮（见图 4-4），进入视频录制页面（需要开启

相机和麦克风权限）。

图 4-4　点触"录制视频"按钮

❹ 在该页面中点触"拍视频"按钮，即可拍视频（见图 4-5）。

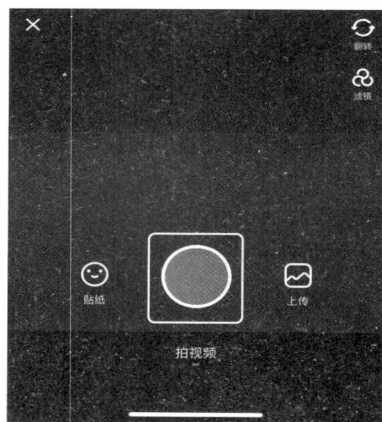

图 4-5　点触"拍视频"按钮

4.1.3　PC 端淘宝直播

在 PC 端进行淘宝直播时，主播需要注意以下事项。

- 着装应大方得体。
- 直播封面图应主题明确、美观。
- 如果是门店 / 本地直播，直播内容可以呈现更明确的场景。
- 不做虚假宣传，抽奖的最高金额不超过 50 000 元。

在 PC 端进行淘宝直播的具体操作步骤如下。

❶ 下载并安装淘宝直播 PC 端。

❷ 打开淘宝直播，使用淘宝账号登录（见图 4-6）。

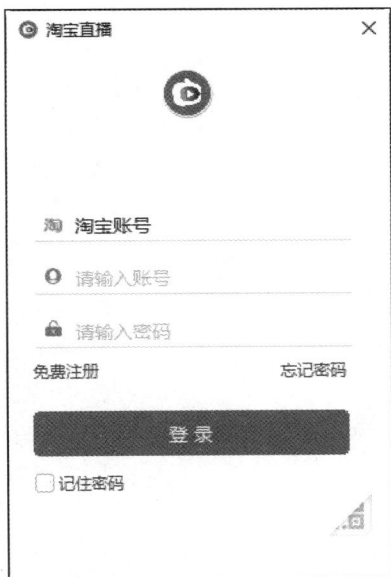

图 4-6　使用淘宝账号登录

❸ 在"淘宝直播"页面中单击"中控台"链接（见图 4-7），进入淘宝直播创建页面。

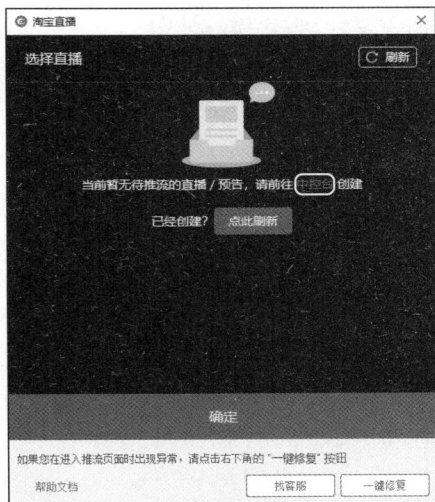

图 4-7　单击"中控台"链接

❹ 在该页面中单击"直播管理"标签下的"发布直播＆预告"链接（见图 4-8），进入直播信息设置页面。

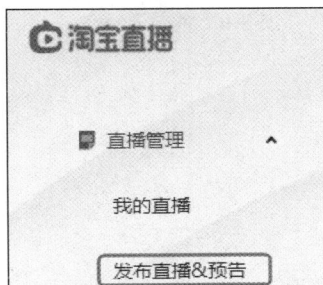

图 4-8　单击"发布直播 & 预告"链接

❺ 根据页面提示设置直播信息（见图 4-9）。

图 4-9　设置直播信息

❻ 信息设置完成后，单击"发布"按钮。发布直播后的效果如图4-10所示。

图 4-10　发布直播后的效果

提示

（1）封面图是吸引用户进入直播间的重要工具，卖家要认真选择。

（2）直播栏目标签是主播对即将开始的直播所做的标记，便于平台向前台各个直播频道分发相应的优质直播内容。

（3）如果需要复制直播间链接并将其分享到站外，可以在中控台中单击直播下方的"复制链接"按钮。

4.1.4　在淘宝直播间添加图片

主播可以在淘宝直播间添加图片（见图 4-11）。例如，服饰类店铺的主播可以在淘宝直播间添加自己的身高和体重等信息，以便用户了解衣服的尺码和上身效果。

图 4-11　在淘宝直播间添加图片

在淘宝直播间添加图片的具体操作步骤如下。

❶ 打开淘宝直播，单击"图片"按钮（见图 4-12），弹出"属性'图像 3'"对话框。

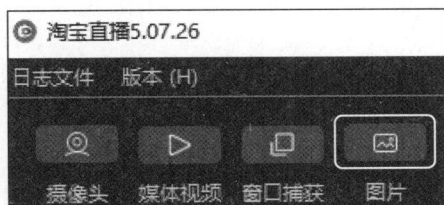

图 4-12　单击"图片"按钮

❷ 在该对话框中单击"浏览"按钮（见图 4-13），弹出"图像文件"对话框。

图 4-13　单击"浏览"按钮

❸ 在该对话框中选择图片。

❹ 图片选择完成后，单击"打开"按钮（见图 4-14）。

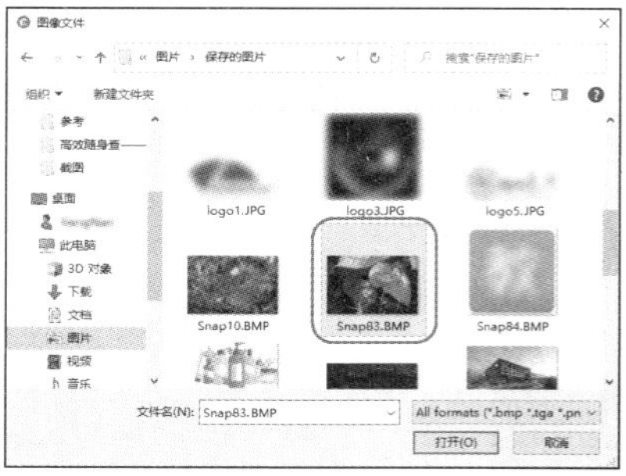

图 4-14　单击"打开"按钮

❺ 返回"属性'图像 3'"对话框，单击"确定"按钮（见图 4-15），即可将

指定图片添加到淘宝直播间。

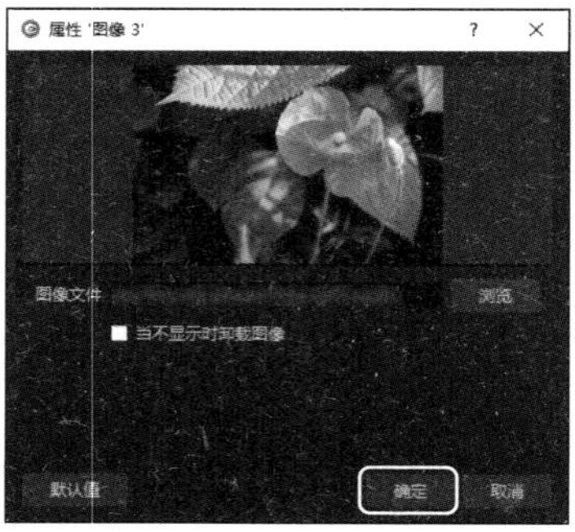

图 4-15　单击"确定"按钮

提示

图片大小可以自定义，其在淘宝直播间的展示位置也可以自定义。

4.1.5　主播打造头号爆品

商家可以通过阿里 V 任务下单指定合作的主播。主播在直播期间可以进行头号爆品的设置。主播在热推爆品的同时，也能给予品牌商品专属展示。

1. 商家入驻阿里 V 任务的资质要求

商家入驻阿里 V 任务的资质要求如表 4-1 所示。

表 4-1　商家入驻阿里 V 任务的资质要求

序号	资质要求
1	商家的 DSR 三项指标的评分均不低于 4.6 分
2	店铺未被售假处罚
3	商家近 730 天内出售假冒商品分值未达到 24 分
4	商家已开通支付宝 II 类支付账户
5	商家近 365 天内出售假冒商品分值未达到 12 分
6	商家近 90 天内无虚假交易扣分
7	近 30 天纠纷退款率超过店铺所在主营类目的纠纷退款率均值的 5 倍，且近 30 天纠纷退款笔数 ≥ 3 笔的店铺，限制参加活动
8	商家近 365 天内无严重违规行为节点处理记录
9	商家未在搜索屏蔽店铺期

2. 开通阿里 V 任务

开通入驻阿里 V 任务的具体操作步骤如下。

❶ 进入"阿里 V 任务"首页（见图 4-16）。

图 4-16　进入"阿里 V 任务"首页

❷ 如果服务方符合要求，即可开通阿里 V 任务。

4.1.6　播放站外内容

播放站外内容的具体操作步骤如下。

❶ 打开淘宝直播，单击"媒体视频"按钮（见图 4-17），弹出"属性'媒体源'"对话框。

图 4-17　单击"媒体视频"按钮

❷ 在该对话框中选择媒体文件并导入。

❸ 媒体文件导入完成后，单击"确定"按钮（见图 4-18），稍等片刻内容即可同步至官方推流工具，随后可继续选择正常的开播和推流流程。

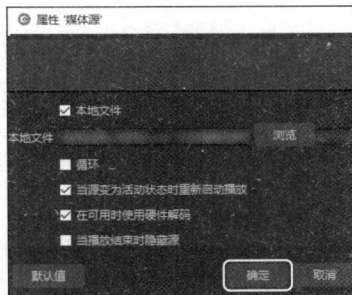

图 4-18　单击"确定"按钮

4.1.7　添加场景

主播可以在淘宝直播间添加场景。具体操作步骤如下。

❶打开淘宝直播，单击"导播模式"按钮（见图4-19）。

图4-19　单击"导播模式"按钮

❷在新打开的页面中单击"场景列表"下的"+"按钮（见图4-20），弹出"添加场景"对话框。

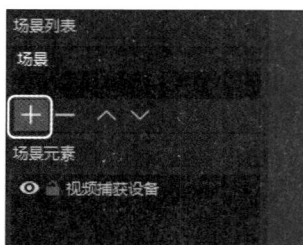

图4-20　单击"+"按钮

❸在该对话框中输入场景名称后，单击"确定"按钮（见图4-21）。

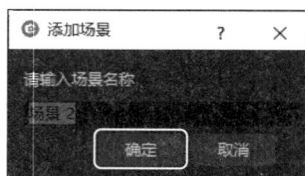

图4-21　单击"确定"按钮

❹返回刚才的页面，单击"场景元素"下的"+"按钮（见图4-22），即可添加指定的场景元素。

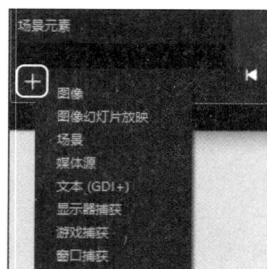

图4-22　单击"+"按钮

提示

用户可以根据连接摄像机的个数创建不同的场景。

4.2　淘宝直播数据中心

卖家可以在淘宝直播后台观察和分析直播数据，帮助自己更好地推广店铺。

4.2.1　直播诊断

直播诊断的具体操作步骤如下。

❶ 在"淘宝直播"页面中单击"数据中心"标签下的"直播诊断"链接（见图 4-23）。

图 4-23　单击"直播诊断"链接

❷ 在新打开的页面中可以查看直播的开播、流量、观看及成交等数据（见图 4-24）。

图 4-24　查看直播的开播、流量、观看及成交等数据

4.2.2　货品分析

货品分析的具体操作步骤如下。

❶ 在"淘宝直播"页面中单击"数据中心"标签下的"货品分析"链接（见图 4-25）。

图 4-25　单击"货品分析"链接

❷ 在新打开的页面中可以查看货品诊断数据（见图 4-26）和商品榜单数据（见图 4-27）。

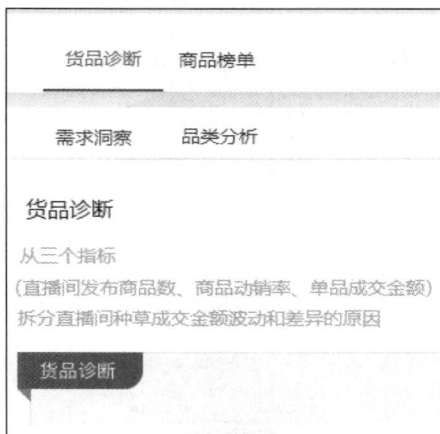

图 4-26　查看货品诊断数据

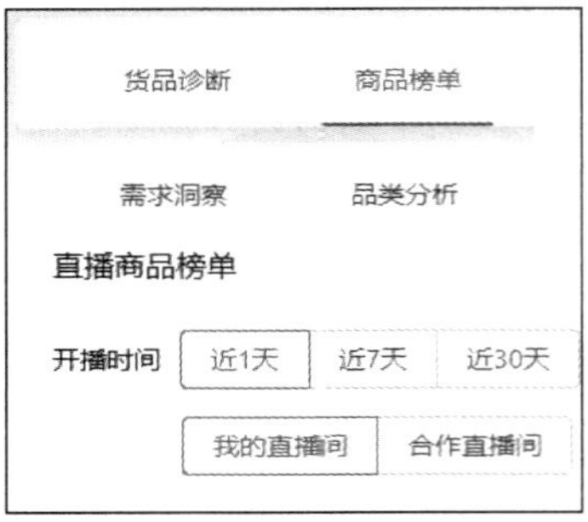

图 4-27   查看商品榜单数据

4.2.3   流量券

用户可以使用流量券在淘宝直播间兑换流量。用户可以通过分享固定链接引流、站内广告投放和完成主播任务来获得流量券。设置流量券的具体操作步骤如下。

❶ 在"淘宝直播"页面中单击"数据中心"标签下的"流量券"链接（见图 4-28）。

图 4-28   单击"流量券"链接

❷ 在新打开的页面中，切换至"我的流量券"选项卡，单击"去分享"按钮（见图 4-29），进入"分享拉人"页面。

图 4-29   单击"去分享"按钮

❸ 根据页面提示设置相关信息（见图 4-30）。

图 4-30   设置相关信息

4.3　淘宝直播活动中心

卖家可以在淘宝直播后台管理店铺流量。

4.3.1　权益玩法

卖家在淘宝直播中通过声音介绍宝贝信息还远远不够，还要适当增加更有吸引力的优惠活动，更好地为店铺引流。

1. 直播新人券

设置直播新人券的具体操作步骤如下。

❶ 在"淘宝直播"页面中单击"权益玩法"标签下的"直播新人券"链接（见图 4-31），进入直播新人券内容设置页面。

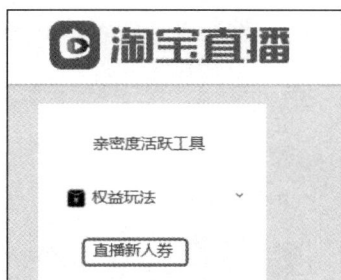

图 4-31　单击"直播新人券"链接

❷ 根据页面提示设置直播新人券内容（见图 4-32 和图 4-33）。

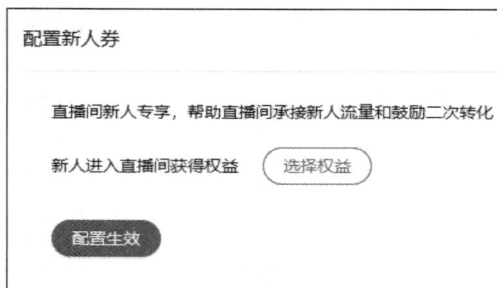

图 4-32　设置直播新人券内容（1）

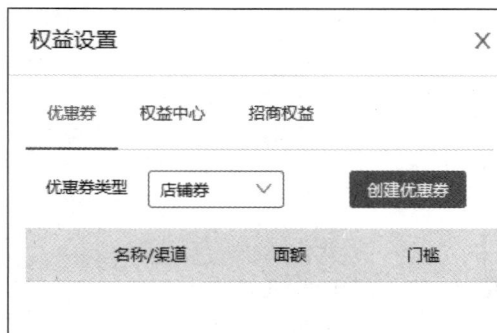

图 4-33　设置直播新人券内容（2）

2. 直播万人团

设置直播万人团的具体操作步骤如下。

❶ 在"淘宝直播"页面中单击"权益玩法"标签下的"直播万人团"链接（见图 4-34），进入"万人团"页面。

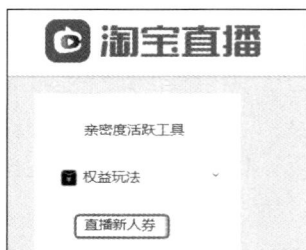

图 4-34　单击"直播万人团"链接

❷ 根据页面提示报名平台万人团活

动或自建万人团活动（见图 4-35）。

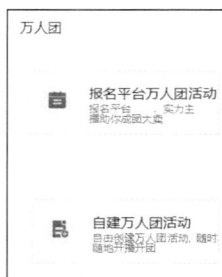

图 4-35　报名平台万人团活动或自建万人团活动

3. 优惠券 / 红包 / 金币

设置优惠券 / 红包 / 金币的具体操作步骤如下。

❶ 在"淘宝直播"页面中单击"权益玩法"标签下的"优惠券/红包/金币"链接（见图 4-36）。

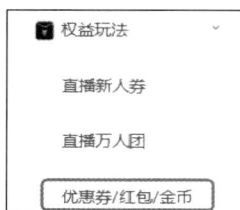

图 4-36　单击"优惠券 / 红包 / 金币"链接

❷ 在新打开的页面中，切换至"优惠券"选项卡，单击"创建优惠券"按钮（见图 4-37），进入下一个设置页面，根据页面提示设置优惠券内容。

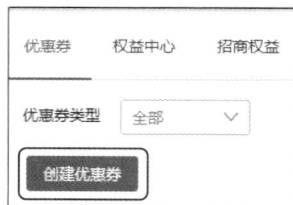

图 4-37　单击"创建优惠券"按钮

4.3.2　商品中心

卖家可以通过"商品中心"对店铺内的商品进行检测，了解该商品是否适合淘宝直播售卖。提交检测商品的具体操作步骤如下。

❶ 在"淘宝直播"页面中单击"商品中心"标签下的"商品检测"链接（见图 4-38）。

图 4-38　单击"商品检测"链接

❷ 在新打开的页面中提交检测商品后，单击"提交检测"按钮（见图 4-39）。

挂品预检工具 请于开播前检测商品是否可以正常挂品售卖哦

提交检测商品

复制宝贝链接到此处，多个商品链接，请换行
示例：
https://detail.tmall.com/item.htm?
id=xxxxxxxxxxxx&spm=aaaaaaaaaaaaaaaaaaaa
https://detail.tmall.com/item.htm?id=
xxxxxxxxxxxxxxxx&spm=bbbbbbbbbbbbbbbbbbbb

清空　提交检测

图 4-39　单击"提交检测"按钮

4.3.3　直播产品投放

直播产品投放的具体操作步骤如下。

❶ 在"淘宝直播"页面中单击"流量宝典"标签下的"后浪引擎"链接（见图 4-40），进入"投放产品　助力你的直播腾飞"页面。

淘宝直播

流量宝典

后浪引擎

图 4-40　单击"后浪引擎"链接

❷ 在该页面中可以选择直播产品投放模式（见图 4-41）后，单击"投放"按钮。

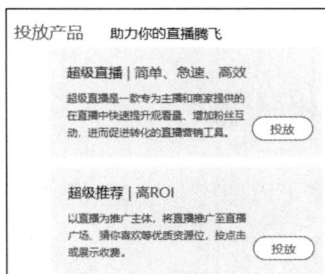

投放产品　　助力你的直播腾飞

超级直播 | 简单、急速、高效
超级直播是一款专为主播和商家提供的在直播中快速提升观看量、增加粉丝互动，进而促进转化的直播营销工具。　投放

超级推荐 | 高ROI
以直播为推广主体，将直播推广至直播广场、猜你喜欢等优质资源位，按点击或展示收费。　投放

图 4-41　选择直播产品投放模式

4.3.4　绑定微博账号

绑定微博账号的具体操作步骤如下。

❶ 在"淘宝直播"页面中单击"账号设置"标签下的"账号绑定"链接（见图 4-42），进入账号绑定页面。

淘宝直播

账号设置

个人资料

账号绑定

图 4-42　单击"账号绑定"链接

❷在该页面中单击"去绑定"链接（见图 4-43），进入绑定账号操作页面。

图 4-43　单击"绑定"链接

❸根据页面提示绑定微博账号。

4.4　商品促销工具

淘宝网为卖家提供了很多商品促销工具（见图 4-44）。

图 4-44　商品促销工具

4.5　极速推

卖家可以使用"极速推"这一工具让更多的买家看到自己的商品。批量创建商品的具体操作步骤如下。

❶登录千牛工作台，单击"营销中心"标签下的"极速推"链接（见图 4-45），进入"极速推"的"首页"页面。

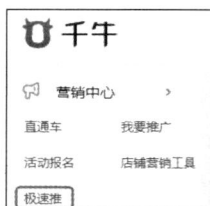

图 4-45　单击"极速推"链接

❷根据页面提示批量创建参加极速推的商品（见图 4-46）。

图 4-46　批量创建商品

4.6　超级推荐

超级推荐在淘宝网"猜你喜欢"等推广场景中,通过人群定向和算法展示给消费者感兴趣的推广商品。

开通超级推荐的具体操作步骤如下。

❶ 登录千牛工作台,单击"营销中心"标签列表中的"超级推荐"链接(见图 4-47),进入超级推荐开通页面。

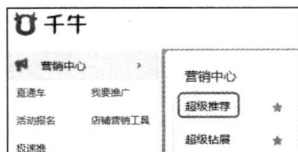

图 4-47　单击"超级推荐"链接

❷ 根据页面提示开通超级推荐。图 4-48 和图 4-49 为需要进一步开通的超级推荐工具。

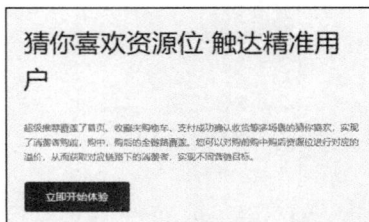

图 4-48　需要进一步开通的超级推荐工具(1)

图 4-49　需要进一步开通的超级推荐工具(2)

4.7　搭配宝

为了提高店铺的成交量,卖家可以使用"搭配宝"这一工具将店铺内的热销商品与其他商品组合起来销售,这样可以让买家一次性购买更多的商品。具体操作步骤如下。

❶ 登录千牛工作台,单击"营销中心"标签下的"店铺营销工具"链接(见图 4-50),进入"淘宝商家推荐"页面。

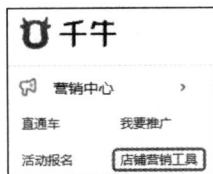

图 4-50　单击"店铺营销工具"链接

❷ 在该页面中单击"搭配宝"图标(见图 4-51),进入"我是卖家 > 营销工作台 > 搭配宝"页面。

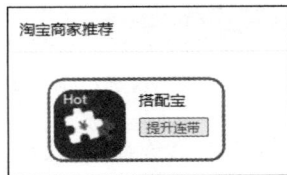

图 4-51　单击"搭配宝"图标

❸ 在该页面中单击"立即订购"按钮（见图 4-52），即可订购搭配宝这一营销工具。

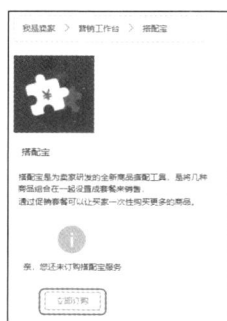

图 4-52　单击"立即订购"按钮

❹ 在"我是卖家 > 营销工作台 > 搭配宝 > 创建套餐"的"选择商品"页面中添加主商品和搭配商品后，单击

"下一步，设置套餐信息"按钮（见图 4-53），进入下一个设置页面。

图 4-53　单击"下一步，设置套餐信息"按钮

❺ 根据页面提示设置套餐信息和优惠信息，并完成投放。

4.8　N 元任选

设置 N 元任选的具体操作步骤如下。

❶ 在"淘宝商家推荐"页面中单击"N 元任选"图标（见图 4-54），进入"我是卖家 > 营销二作台 > N 元任选"页面。

图 4-54　单击"N 元任选"图标

❷ 在该页面中单击"新建商品活动"按钮（见图 4-55），进入商品活动信息设

置页面。

图 4-55　单击"新建商品活动"按钮

❸ 根据页面提示设置活动名称、活动时间及活动内容。设置完成后，单击"下一步"按钮（见图 4-56）。

图 4-56　单击"下一步"按钮

❹ 在新打开的页面中勾选商品图片左侧的复选框（见图 4-57）。

图 4-57　勾选商品图片左侧的复选框

❺ 勾选完成后，单击"批量上传"按钮，进入下一个设置页面，根据页面提示完成生效活动。

4.9　新客优惠券

为了吸引新客户，卖家可以设置新客优惠券。订购新客优惠券的具体操作步骤如下。

❶ 在"淘宝商家推荐"页面中单击"新客优惠券"图标（见图 4-58），进入新客优惠券订购页面（见图 4-59）。

图 4-58　单击"新客优惠券"图标

图 4-59　新客优惠券订购页面

❷ 根据页面提示订购新客优惠券。

第 5 章　千牛工作台无线运营

5.1　与买家沟通

千牛是阿里巴巴电子商务活动的工作台，主要功能包含卖家工作台、消息中心、阿里旺旺、订单管理和商品管理等。

5.1.1　查看和处理各种消息

卖家可以通过千牛工作台及时查看和处理各种消息。具体操作步骤如下。

❶安装并打开千牛PC版，选择"淘宝卖家"身份（见图5-1），然后单击"提交"按钮。

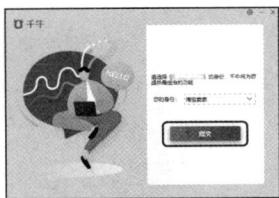

图 5-1　选择"淘宝卖家"身份

❷图 5-2 为登录千牛后的聊天窗口界面。

图 5-2　登录千牛后的聊天窗口界面

❸卖家可以随时随地查看和处理各种消息（见图 5-3）。

图 5-3　查看和处理各种消息

5.1.2　分组管理

为了更好地服务买家，卖家可以通过千牛工作台对买家进行分组。具体操作步骤如下。

❶ 在千牛聊天窗口界面中，切换至"好友"选项卡，右击"买家"栏，在右键快捷菜单中选择"组管理"选项（见图 5-4），弹出"组管理"对话框。

图 5-4　选择"组管理"选项

❷ 在该对话框中单击"添加组"按钮（见图 5-5），然后输入组的名称。

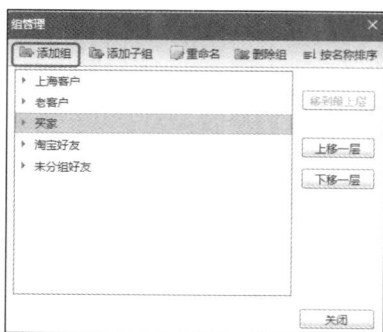

图 5-5　单击"添加组"按钮

❸ 要想实现对买家的进一步详细分组，可以单击"添加子组"按钮（见图 5-6），进入子组编辑状态。

图 5-6　单击"添加子组"按钮

❹ 输入子组名称（见图 5-7）后，按回车键。根据需要添加其他组，并添加一个或多个子组。添加完成后，单击"关闭"按钮。

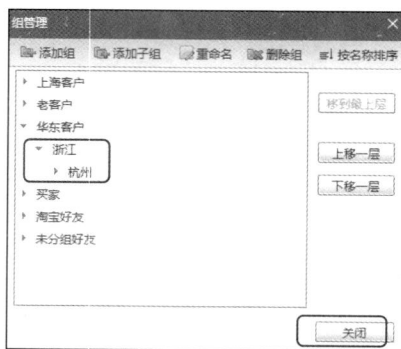

图 5-7　输入子组名称

5.1.3　千牛群推广

千牛群是一个自主营销平台。买家和卖家均能通过千牛群获得一些便利。

1. 创建群

创建群的具体操作步骤如下。

❶ 在千牛聊天窗口界面中，切换至"群"选项卡，单击"+"按钮（见图 5-8），弹出"创建群"对话框。

图 5-8 单击"+"按钮

❷ 在该对话框中单击"开始创建"按钮（见图 5-9），弹出"创建淘宝群"对话框。

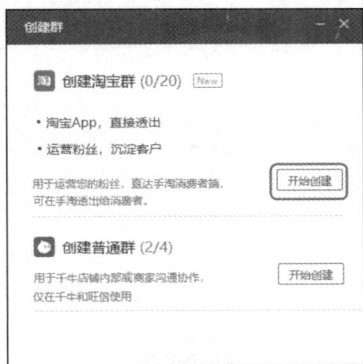

图 5-9 单击"开始创建"按钮

❸ 在该对话框中设置群头像、群名称、群介绍、成员上限及入群条件等信息（见图 5-10）。

图 5-10 设置群头像、群名称、群介绍、成员上限及入群条件等信息

❹ 信息设置完成后，单击"创建"按钮，即可完成群的创建。

2. 利用千牛群推广店铺

卖家在利用千牛群推广店铺时需要注意以下几点。

● 先建立感情，后推广。

● 广告少而精。

● 巧用群公告。

5.2 账号管理

为了高效地管理众多子账号，使客服工作和其他工作有序进行，卖家应针对不同的岗位进行明确分工，如客服部设置售前客服和售后客服；设计部设置美工和文案等。

5.2.1 设置管理岗位

设置管理岗位的具体操作步骤如下。

❶ 登录千牛工作台，单击"店铺管理"标签列表中的"子账号管理"链接（见图5-11），进入子账号设置页面。

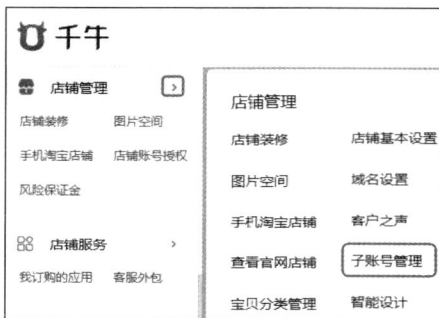

图 5-11 单击"子账号管理"链接

❷ 在该页面中单击"管理岗位"图标（见图5-12），进入"岗位管理 / 修改岗位"页面。

图 5-12 单击"管理岗位"图标

❸ 在该页面中，在"选择分类"的下拉列表中选择"客服"选项，在"名称"后面的文本框内输入"售前客服"，然后单击"保存"按钮（见图5-13），即可完成管理岗位的设置。

图 5-13 单击"保存"按钮

5.2.2 新建员工

新建员工的具体操作步骤如下。

❶ 在"子账号"页面中，先选择左侧的"售前客服"选项，再单击右侧的"新建员工"按钮（见图5-14），进入"员工管理 / 部门结构 / 新建员工"页面。

图 5-14　单击"新建员工"按钮

图 5-15　填写基本信息

❷ 根据页面提示填写基本信息（见图 5-15）。

❸ 信息填写完成后，单击"确认新建"按钮，即可完成员工的新建。

5.3　交易订单管理

卖家可以使用千牛手机版管理交易订单。

5.3.1　订单管理

订单管理的具体操作步骤如下。

❶ 登录千牛手机版，点触"工作台"标签下的"订单"图标（见图 5-16），进入"订单"页面。

图 5-16　点触"订单"图标

❷ 在该页面中点触"订单管理"图标（见图 5-17），进入"风火递助手"页面。

图 5-17　点触"订单管理"图标

❸在该页面中可以查看近3个月的订单情况（见图5-18）。

图 5-18　查看近 3 个月的订单情况

5.3.2　售后管理

售后管理的具体操作步骤如下。

❶登录千牛手机版，点触"工作台"标签下的"订单"图标（见图5-19），进入"订单"页面（见图5-20）。

图 5-19　点触"订单"图标

图 5-20　"订单"页面

❷在该页面中点触"物流管家"图标，进入物流管家页面查看物流信息（见图5-21）。

图 5-21　查看物流信息

❸ 点触"退款售后"图标，进入"退款/售后"页面查看退款及售后情况（见图 5-22）。

图 5-22　查看退款及售后情况

5.4　运营方式

卖家可以在千牛工作台中选择合适的运营方式，为自己的店铺获得更多的流量。

5.4.1　淘金币

淘金币是可以在淘宝网上使用的虚拟货币。

淘金币通过淘宝网提供平台、卖家赞助礼品和买家兑换购买的互动模式实现三方受惠。

淘金币具有以下优势。

● 提高店铺的曝光量和品牌的影响力。

● 为买家提供优惠，提升其购物体验。

● 提高卖家的影响力，增加店铺的浏览量。

● 可以对买家进行细分，有助于卖家开展有针对性的营销。

在进行淘金币营销前，卖家首先要确保自己的店铺有可用的淘金币。

表 5-1 为淘金币的几种活动类型。

表 5-1　淘宝币的几种活动类型

活动类型	活动内容
赚淘金币	淘金币抵扣赚淘金币
花淘金币	淘金币频道商品推广
	店铺签到送淘金币

71

（续表）

活动类型	活动内容	
花淘金币	关注 / 收藏店铺送淘金币	
	浏览短视频送淘金币	
	淘宝群任务送淘金币	

1. 开通淘金币抵钱

淘金币抵钱是指卖家开通该工具后，买家以 100 淘金币∶1 元的比例使用淘金币抵用商品金额。表 5-2 为卖家开通淘金币抵钱工具的条件。

表 5-2　卖家开通淘金币抵钱工具的条件

序号	准入条件
1	已经开通淘金币账号
2	星级标准在 4 星至 5 金冠
3	近 90 天无一般、严重违规扣分
4	近 90 天支付宝支付金额大于 0 元
5	开店时长 ≥ 90 天

卖家开通淘金币抵钱工具后，可以使用淘金币抵扣的商品将展示在手机淘宝搜索列表页面的"淘金币抵钱"筛选项内（见图 5-23）。

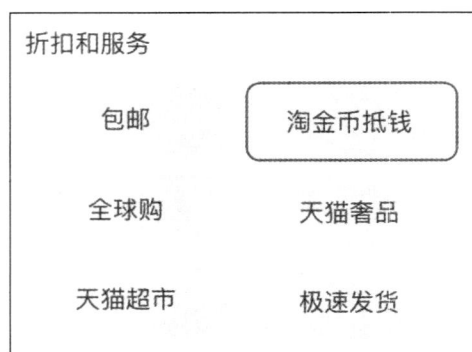

图 5-23　商品在"淘金币抵钱"筛选项内展示

2. 淘金币活动报名

淘金币活动报名的具体操作步骤如下。

❶ 登录千牛工作台，单击"营销中心"标签列表中的"淘金币"链接（见图 5-24），进入淘金币活动报名页面。

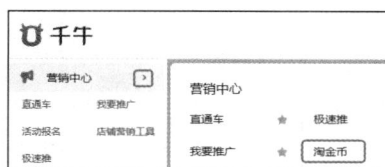

图 5-24　单击"淘金币"链接

❷ 在该页面中单击"报名活动"按钮（见图 5-25），进入活动报名页面，根据页面提示完成淘金币活动的报名。

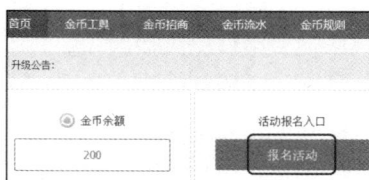

图 5-25　单击"报名活动"按钮

5.4.2　天天特价

1.开通条件

参加天天特价活动的商品可以在全渠道享受面向目标人群的流量扶持。

表 5-3 为卖家开通天天特价的准入条件。

表 5-3　卖家开通天天特价的准入条件

序号	商品要求
1	店铺内商品价格不高于商品近七天内最低价
2	店铺内商品价格不高于我国任一电子商务平台同款商品最低价
3	店铺内商品价格不高于所在类目价格上限

2.天天特价活动报名

天天特价活动报名的具体操作步骤如下。

❶ 登录千牛工作台，单击"营销中心"标签列表中的"天天特价"链接（见图 5-26），进入"天天特价"页面。

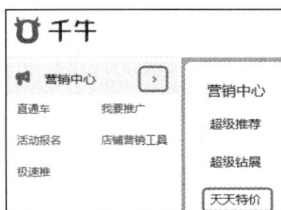

图 5-26　单击"天天特价"链接

❷ 在该页面中单击"商家报名"链接（见图 5-27），进入活动报名中心页面。

图 5-27　单击"商家报告"链接

❸ 该页面中显示了很多官方大促活动（见图5-28）。选择合适的活动后，单击"去报名"按钮。

图 5-28　选择官方大促活动

5.4.3　微淘

微淘的定位是移动消费领域的入口，致力于在生活细分领域为消费者提供便捷、省钱的手机购物服务。图5-29为用户订阅的店铺的微淘营销页面。

图 5-29　用户订阅的店铺的微淘营销页面

发布指定类型的微淘的具体操作步骤如下。

❶ 登录千牛手机版，点触"工作台"标签下的"营销"图标（见图5-30），进入"营销"页面。

图 5-30　点触"营销"图标

❷ 该页面中显示了很多实用的官方营销工具。点触"发微淘"图标（见图 5-31），进入"微淘工作台"页面。

图 5-31　点触"发微淘"图标

❸ 该页面中显示了微淘的类型有"店铺上新""主题清单""好货种草""买家秀""单品种草"及"店铺动态"（见图 5-32）。

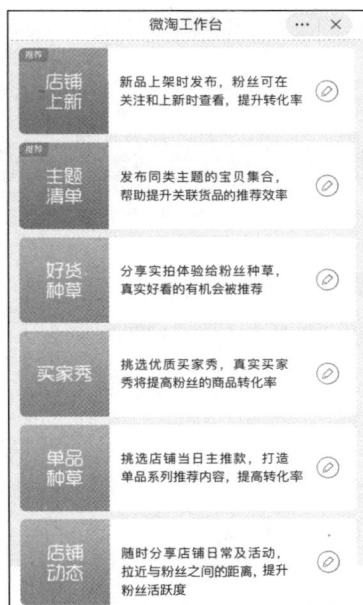

图 5-32　微淘的类型

❹ 选择合适的微淘类型后，点触"⌀"按钮，即可发布指定类型的微淘。

5.4.4　无线领券

设置无线领券的具体操作步骤如下。

❶ 在"营销"页面中点触"无线领券"图标（见图 5-33），进入"无线领券页编辑"页面。

图 5-33　点触"无线领券"图标

❷ 在该页面中点触"新增优惠券"按钮（见图 5-34），进入"优惠券管理"页面。

图 5-34　点触"新增优惠券"按钮

❸ 在该页面中点触"创建优惠券"按钮（见图 5-35），进入"创建优惠券"页面。

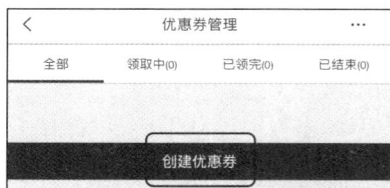

图 5-35 点触"创建优惠券"按钮

❹根据页面提示设置优惠券的种类、名称及面额等信息（见图 5-36）。

图 5-36 设置优惠券的种类、名称及面额等信息

❺信息设置完成后，点触"确定提交"按钮，即可完成无线领券的设置。

5.4.5 微淘群

卖家可以在千牛手机版创建微淘群，以便在群内发放优惠券、公布店铺活动，还可以和买家实时互动。创建微淘群的具体操作步骤如下。

❶登录千牛手机版，点触"工作台"标签下的"用户运营"图标（见图 5-37），进入"用户运营"页面。

❷在该页面中点触"创建群聊"图标（见图 5-38），进入"创建群"页面。

图 5-37 点触"用户运营"图标

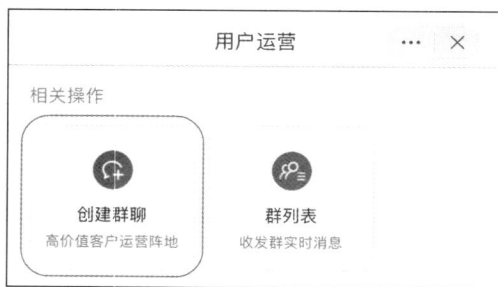

图 5-38 点触"创建群聊"图标

❸ 根据页面提示设置群头像、群组名称及群组员上限等信息。

❹ 信息设置完成后,点触"下一步"按钮(见图5-39),进入"设置入群门槛"页面。

图 5-39　点触"下一步"按钮

❺ 在该页面中勾选"入群需要先关注"左侧的复选框,然后点触"完成"按钮(见图5-40),即可完成微淘群的创建。

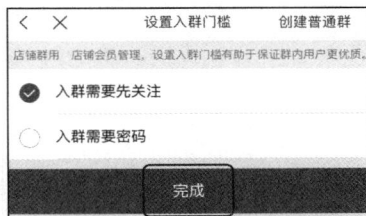

图 5-40　点触"完成"按钮

5.4.6　短视频推广

短视频比图片更加直观。卖家使用短视频推广店铺的优势如下。

● 主图视频可以提升商品成交转化率。

● 微淘视频可以为店铺引流。

● 店铺视频合集可以优化流量分发。

发布短视频的具体操作步骤如下。

❶ 在"用户运营"页面中点触"内容推广"标签下的"主图视频"图标(见图5-41),进入短视频拍摄页面。

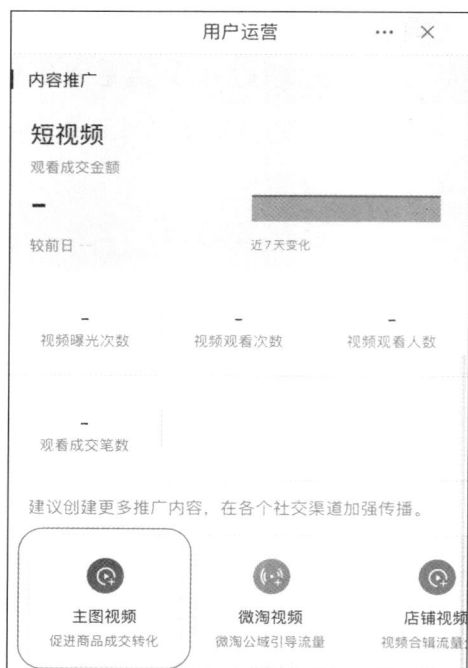

图 5-41　点触"主图视频"图标

❷ 在该页面中点触"自由拍摄"按钮（见图 5-42），即可拍摄短视频（需要开启相机和麦克风权限）。

图 5-42　点触"自由拍摄"按钮

❸ 短视频拍摄完成后，可以为短视频添加标题、描述，然后点触"发布"按钮（见图 5-43），即可发布短视频。

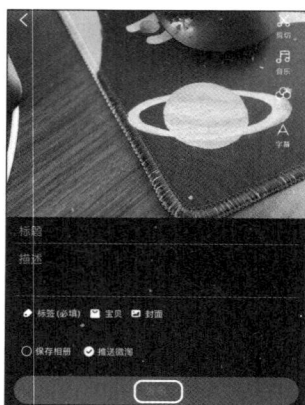

图 5-43　点触"发布"按钮

5.5　第三方无线营销工具

卖家可以使用千牛工作台中的各种免费和付费营销工具来推广店铺。下面介绍一些实用的第三方无线营销工具。

5.5.1　掌中宝

掌中宝包含多种店铺运营工具，如优惠券和天天拼团等。

1. 优惠券

创建优惠券的具体操作步骤如下。

❶ 登录千牛手机版，点触"工作台"标签下的"营销"图标（见图 5-44），进入"营销"页面。

图 5-44　点触"营销"图标

❷ 在该页面中点触"掌中宝促销"图标（见图 5-45），进入"掌中宝促销"页面。

图 5-45　点触"掌中宝促销"图标

❸ 在该页面中点触"优惠券"图标（见图 5-46），进入"创建优惠券"页面。

图 5-46　点触"优惠券"图标

❹ 根据页面提示设置优惠券的活动名称、开始时间、结束时间及优惠面额等信息（见图 5-47）。

图 5-47　设置优惠券信息

❺ 信息设置完成后，点触"创建优惠券"按钮，即可完成优惠券的创建。

2. 天天拼团

天天拼团活动创建的具体操作步骤如下。

❶ 在"掌中宝促销"页面中点触"天天拼团"图标（见图 5-48），进入"天天拼团"页面。

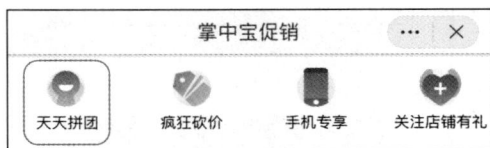

图 5-48　点触"天天拼团"图标

❷ 根据页面提示设置活动信息（见

图 5-49），然后进行商品优惠信息和成团设置（见图 5-50）。

图 5-49　设置活动信息

图 5-50　商品优惠信息和成团设置

❸ 设置完成后，点触"创建活动"按钮，即可完成天天拼团活动的创建。

5.5.2　欢乐逛

使用"欢乐逛"这一工具创建首件优惠活动的具体操作步骤如下。

❶ 在"营销"页面中点触"欢乐逛打折"图标（见图 5-51），进入"欢乐逛"页面。

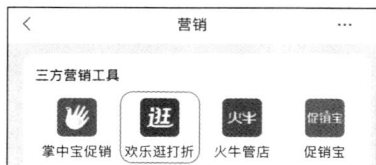

图 5-51　点触"欢乐逛打折"图标

❷ 在该页面中点触"促销折扣"图标（见图 5-52），进入欢乐逛活动创建页面。

图 5-52　点触"促销折扣"图标

❸ 在该页面中点触"首件优惠"

链接（见图 5-53），进入"首件优惠"
页面。

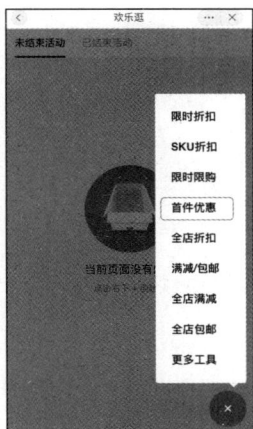

图 5-53　点触"首件优惠"链接

❹ 根据页面提示设置活动标签、开
始时间、结束时间和优惠对象等信息
（见图 5-54）。

图 5-54　设置首件优惠活动信息

❺ 信息设置完成后，单击"下一步"
按钮，进入下一个设置页面，根据页面
提示完成其他操作。

5.5.3　火牛

卖家可以使用"火牛"这一工具管理店铺。卖家可以在"首页"页面中的"促销活
动"功能区创建优惠活动，也可以在"数据分析"功能区对商品和店铺等进行数据分
析，以便更好地管理店铺（见图 5-55）。

图 5-55　在"首页"页面中创建优惠活动或对商品和店铺等进行数据分析

5.5.4　促销宝

卖家可以通过"促销宝"这一工具对店铺内的宝贝进行限时打折、第二件促销、水印投放、批量修改，以及上下架等操作。

1. 第二件促销

第二件促销活动创建的具体操作步骤如下。

❶ 在"促销宝打折"页面中点触"第二件促销"图标（见图 5-56），进入"第二件促销"页面。

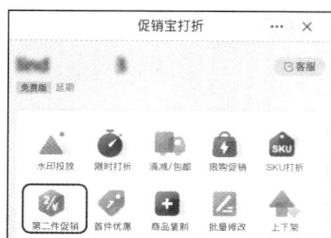

图 5-56　点触"第二件促销"图标

❷ 根据页面提示设置活动名称、开始时间及结束时间等信息（见图 5-57）。

图 5-57　设置第二件促销活动信息

❸ 信息设置完成后，点触"下一步：选择宝贝"按钮，进入宝贝选择页面。

❹ 再依次进入下一页，根据页面提示完成其他操作。

2. 管理店铺评价

卖家还可以使用"促销宝"这一工具管理店铺评价（见图 5-58）。

图 5-58　使用促销宝管理店铺评价

5.5.5　美折促销

卖家可以使用"美折促销"这一工具创建第二件促销、折扣 / 减价、满减 / 满包邮等活动。全店打折活动创建的具体操作步骤如下。

❶ 在"美折促销"页面中点触"全店打折"图标（见图 5-59），进入"创建全店折扣"页面。

图 5-59　点触"全店打折"图标

❷ 根据页面提示设置价格标签、开始时间及结束时间等信息（见图 5-60）。

图 5-60　设置全店打折活动信息

❸ 信息设置完成后，点触"完成并提交"按钮，即可完成全店打折活动的创建。

5.6　生意参谋帮你分析店铺数据

生意参谋是一款专业的一站式数据分析产品，它可以帮助卖家及时掌握用户的点击情况，并实时掌握市场动态。生意参谋包括"首页""实时""作战室""流量""品类""交易""直播""内容"等板块。

1. 首页

在生意参谋首页查看店铺数据的具体操作步骤如下。

❶ 登录千牛工作台，单击"数据中心"标签下的"生意参谋"链接（见图 5-61），进入"生意参谋"的"首页"页面。

图 5-61　单击"生意参谋"链接

❷ 在该页面中可以查看店铺的实时概况及综合诊断等数据（见图 5-62）。

图 5-62　查看店铺的实时概况及
综合诊断等数据

2. 作战室

作战室是围绕商家日常监控、活动营销和大促作战三大场景打造的实时数据分析平台，主要提供作战大屏、活动分析和竞店监控等数据服务。作战室订购的具体操作步骤如下。

❶ 在"生意参谋"的"作战室"页面中单击"立即订购"按钮（见图 5-63），进入"产品订购"页面。

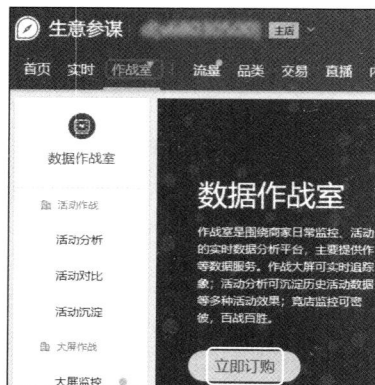

图 5-63　单击"立即订购"按钮

❷ 在该页面中选择并订购作战室（见图 5-64）。

图 5-64　订购作战室

3. 直播

在"生意参谋"的"直播"页面中，卖家可以查看直播间业绩表现等数据（见图 5-65）。

图 5-65　在生意参谋的"直播"页面中查看直播间业绩表现等数据

4. 内容

在"生意参谋"的"内容"页面中，卖家可以查看相关内容推广的数据分析结果。图 5-66 是头图视频的整体概况分析。

图 5-66　头图视频的整体概况分析

第6章　优化淘宝搜索排名

6.1　影响淘宝搜索排名的因素

卖家除了使用正常的付费推广手段，还要充分利用淘宝搜索引擎获取流量。这种利用搜索引擎的规则来做优化以获取更多流量的方法就是搜索引擎优化（Search Engine Optimization，SEO）。淘宝搜索排名规则几乎每一年都在变化，如何让自己的店铺在淘宝搜索排名中靠前，以及如何提高店铺转化率是所有淘宝网卖家关心的问题。

6.1.1　消费者保障服务

为了保障消费者的权益，淘宝网卖家须提供消费者保障服务。

1. 不同类目缴纳保证金的金额

不同类目的店铺缴纳保证金的金额是不同的，部分类目需要缴纳的保证金的金额可以参考表 6-1。

表 6-1　部分类目需要缴纳的保证金的金额

保证金（元）	类目名称
10 000	手机
6 000	宠物 / 宠物食品及用品 / 狗狗
	宠物 / 宠物食品及用品 / 猫猫
1 000	度假线路 / 签证送关 / 旅游服务
	景点门票 / 实景演出 / 主题乐园
	特价酒店 / 特色客栈 / 公寓旅馆
	手机号码 / 套餐 / 增值业务
	台式机 / 一体机 / 服务器
	计算机硬件 / 显示器 / 计算机周边
	办公设备 / 耗材 / 相关服务

（续表）

保证金（元）	类目名称
1 000	厨房电器 / 大家电 / 生活电器
	闪存卡 /U 盘 / 存储 / 移动硬盘
	网络设备 / 网络相关
	音乐 / 影视 / 明星 / 音像
	平板电脑 /MID/ 笔记本电脑
	书籍 / 杂志 / 报纸
	国货精品数码 / 影音电器
	电子词典 / 电子书 / 文化用品
	电玩 / 配件 / 游戏 / 攻略
	彩妆 / 香水 / 美妆 / 护肤 / 美体
	精油 / 美发护发 / 假发
	电玩 / 相机 / 摄像机 /3C 数码配件
	移动充值中心 / 联通充值中心 / 电信充值中心
	玩具 / 模型 / 童装 / 童鞋
	家装主材 / 床上用品
	零食 / 坚果 / 特产 / 休闲娱乐
	本地化生活服务 / 演出

提示

（1）在发布以上类目商品时，如果卖家没有缴纳消保保证金，那么店铺只能发布"二手"或"闲置"商品。

（2）消保保证金只需缴纳一次，即便店铺中销售的商品覆盖多个类目，也不需要分别缴纳消保保证金。

2. 缴纳保证金

缴纳保证金的具体操作步骤如下。

❶ 登录千牛工作台，单击"淘宝服务"标签列表中的"消费者保障服务"链接（见图 6-1），进入保证金账户余额页面。

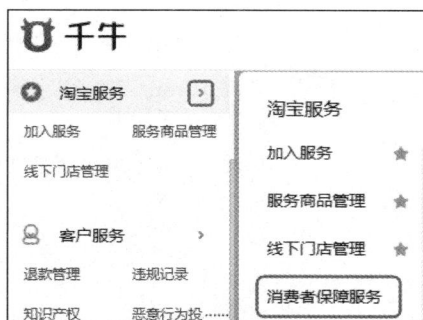

图 6-1 单击"消费者保障服务"链接

❷ 在该页面中单击"缴纳"按钮（见图 6-2），进入"保证金 / 保证金缴纳"页面。

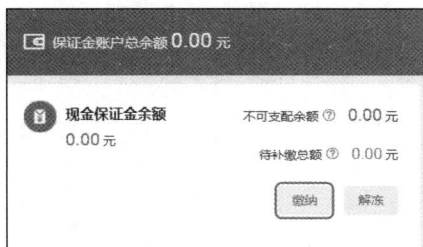

图 6-2 单击"缴纳"按钮

❸ 根据页面提示输入本次缴纳金额和支付宝支付密码（见图 6-3）。

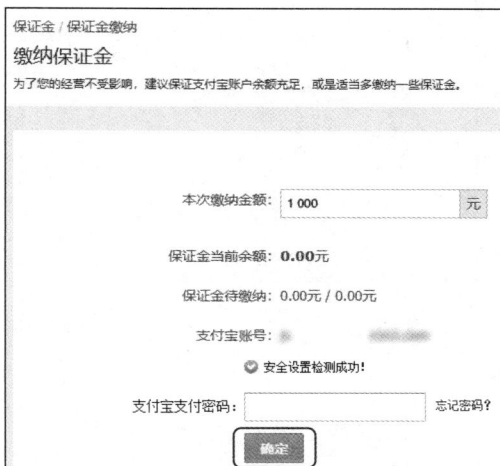

图 6-3 输入本次缴纳金额和支付宝支付密码

❹ 本次缴纳金额和支付宝支付密码输入完成后，单击"确定"按钮，即可完成保证金的缴纳。

3. 消保账期延长

账期保障属于消保资金保障的一种，如果卖家没有缴纳消保保证金或消保保证金余额不足，账户会默认加入账期保障（见图 6-4）。

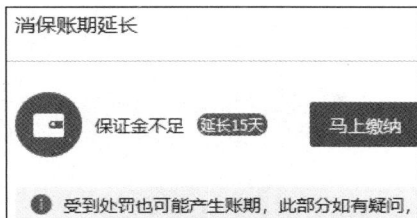

图 6-4 账户默认加入账期保障

要想解除账期保障，卖家必须及时缴纳消保保证金，保证金补足之后钱款会自动解冻。

如果店铺受到处罚，也可能会导致消保账期延长，卖家可以在淘宝体检中心里查看违规情况。

> **提示**
>
> 在发布商品时，若未缴纳消保保证金或消保保证金余额不足，则默认会加入账期保障。开通账期保障后，货款将在交易成功后 15 天保留在店铺的支付宝账户不可用余额中。

6.1.2　卖家服务质量

卖家实现生存和发展的根本是更好地服务买家，这是实现卖家、买家和淘宝网三赢的唯一途径。

卖家提高服务质量的方法如下。

- 充分了解自己的产品，以便更好地向买家推荐产品。
- 在与买家交流时，应当充分了解其真实需求，然后予以满足。
- 及时回复买家的各种问题。

6.1.3　避免违规

淘宝网对每一位卖家都有严格的要求，尤其是在交易过程中，卖家一旦违规，轻则扣分，重则清退。因此，卖家必须了解淘宝网的相关规则，避免因为触犯相关规则被扣分，导致店铺降权，降低被搜索到的概率。

违规行为根据严重程度分为严重违规行为和一般违规行为，两者分别扣分、分别累计、分别执行。

- 严重违规行为包括发布违禁信息、侵犯知识产权、盗用他人账户、泄露他人信息及骗取他人财物等。
- 一般违规行为包括滥发信息、虚假交易、延迟发货、描述不符、违背承诺、竞拍不买、恶意评价、恶意骚扰、不当注册、未依法公开或更新营业执照信息等。

6.1.4　宝贝的上下架时间

只有合理安排宝贝的上下架时间，才能为店铺获取更多的流量。

1. 合理安排宝贝的上下架时间

买家在搜索关键字后，宝贝的位置是按宝贝下架剩余的时间排定的，越接近下架时间的宝贝的排名越靠前，其被点击的机会也就越大。根据这一搜索特点，卖家可以参考表 6-2 合理安排宝贝的上下架时间。

表 6-2　宝贝的上下架时间安排

宝贝的上架时间安排	宝贝的下架时间安排
尽量安排在高峰流量期上架	安排在非高峰期下架
不要将大量宝贝在同一天上架	批量统一下架
避免设置整点上架	—

2. 宝贝上架

宝贝上架的具体操作步骤如下。

❶ 登录千牛工作台，单击"宝贝管理"标签列表中的"仓库中的宝贝"链接（见图 6-5），进入宝贝上下架设置页面。

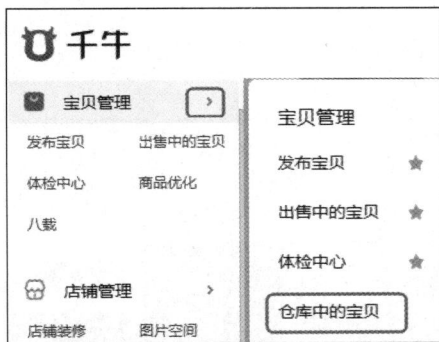

图 6-5　单击"仓库中的宝贝"链接

❷ 在该页面中先勾选需要上架宝贝左侧的复选框，再单击"立即上架"按钮（见图 6-6），即可上架该宝贝。

图 6-6　单击"立即上架"按钮

❸ 要想批量上架宝贝，可以先勾选宝贝左侧的复选框，再单击"批量上架"按钮。

3. 宝贝下架

宝贝下架的具体操作步骤如下。

❶ 登录千牛工作台，单击"店铺管理"标签列表中的"宝贝分类管理"链接（见图 6-7），进入"旺铺·基础版"页面。

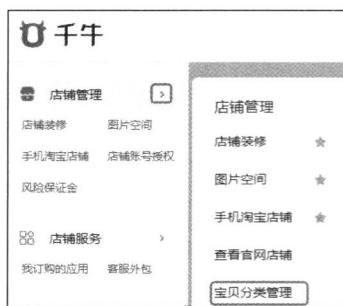

图 6-7　单击"宝贝分类管理"链接

❷ 在该页面中单击"宝贝管理"标签列表中的指定类别宝贝目录，即可在右侧显示该指定类目的所有商品条目。选择需要下架的宝贝后，单击"下架"

按钮（见图 6-8），即可下架该宝贝。

图 6-8　单击"下架"按钮

❸ 要想批量下架宝贝，可以先勾选多个宝贝左侧的复选框，再单击"批量下架"按钮。

6.2　淘宝搜索排名关键词

图 6-9 为淘宝排行榜中某日的关键词搜索上升榜。图 6-10 为某周的关键词搜索排名情况。本小节将从核心关键词和长尾关键词来介绍淘宝搜索排名关键词。

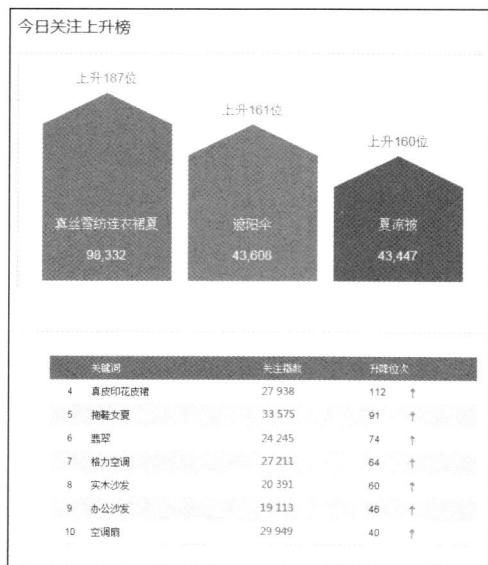

图 6-9　淘宝排行榜中某日的关键词搜索上升榜

图 6-10　某周的关键词搜索排名情况

6.2.1　核心关键词

核心关键词是表达产品特性的简短的词，如"连衣裙""保温杯""四件套"等。明确核心关键词的目的是建立黄金词库。核心关键词不能直接用在标题中。卖家要根据分析结果得出最优的组合，提升标题关键词的展现量，进而提升宝贝的点击率和成交量。

例如，淘宝网搜索框的下拉菜单里的词都是淘宝网系统筛选出来的一些热搜词，这些词是非常值得卖家去关注的。如图 6-11 所示，在淘宝搜索框中搜索"T 恤"，下拉菜单会自动弹出一系列相关词。

图 6-11　下拉菜单中弹出一系列相关词

6.2.2　长尾关键词

长尾关键词是表达产品主要特点的较长的词。明确长尾关键词的目的是检查搜索引擎的收录情况，看看长尾关键词是否已经被收录，以及收录后长尾关键词大概处于搜索引擎的哪个位置。

例如，标题关键词是"长裤""连衣裙""双肩包"等，而长尾词就是"卡其色长裤""真丝粉色连衣裙""牛仔帆布双肩包"等。长尾关键词比标题关键词描述更准确。

长尾关键词的特征如下。

● 目标准确，转换率高。

● 流量少。

● 长尾关键词往往由 2~3 个词或短语组成。

长尾关键词的设置习惯如下。

● 商品名、功能、质量和用途等。

● 商品令人感兴趣的方面。

● 商品的有效性。

● 一般、特殊的行业术语。

使用长尾关键词比使用宽泛的关键词更能使宝贝的搜索排名靠前。此外，流量也会稳定地增加。也就是说，长尾关键词会吸引进入购买过程的访问者，这意味着这些访问者随时会进行交易。

6.3 淘宝搜索排名优化

淘宝网店的搜索排名规则可以用"相关性"三个字来概括。这三个字概括了淘宝搜索排名规则的所有内容，不论《淘宝规则》如何变化，淘宝搜索排名规则都会围绕这三个字。

影响淘宝搜索排名的四个相关性因素为类目、标题、属性和内页。

6.3.1 类目相关

类目相关是淘宝搜索筛选所需宝贝的第一道门槛。买家在淘宝网搜索相关类目关键词时，如"防蚊液"，可以看到图 6-12 所示的搜索结果，系统默认是"儿童用品"类目。如果搜索"防蚊液 成人"，可以看到图 6-13 所示的搜索结果，系统默认是"户外"类目。

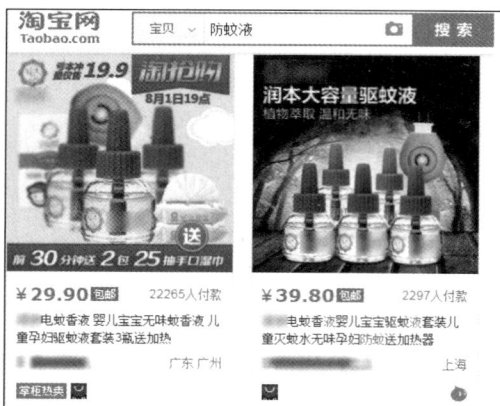

图 6-12 "防蚊液"的搜索结果

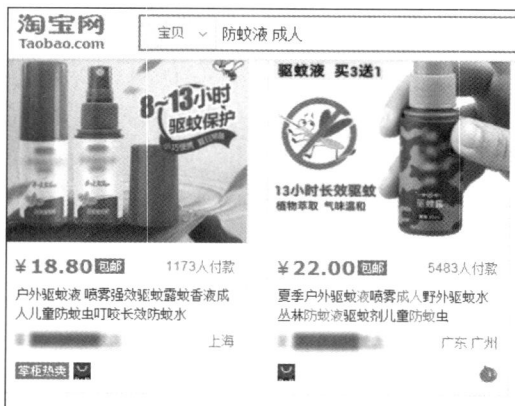

图 6-13 "防蚊液 成人"的搜索结果

从上述搜索结果来看，买家搜索需求（关键词）在淘宝类目里会有一个最优类目与之对应。如果宝贝符合买家的搜索需求，但发布类目却不是最优类目，就无法优先展示给买家。

卖家在发布宝贝时，可以在第一个页面中设置宝贝的类目属性（见图 6-14）。

图 6-14 设置宝贝的类目属性

6.3.2 标题相关

所谓标题相关，是指只有当标题包含买家搜索的关键词时，宝贝才会展示给买家（见图 6-15）。

图 6-15 标题相关搜索

6.3.3 属性相关

属性也是影响相关性的重要因素，尤其在获取前台类目流量方面。前台类目的设置一般和后台类目不完全对应，而是选取相应后台类目中具备某些属性的宝贝，再进行排序。如果宝贝的属性填写不完整或填写错误，前台类目调用宝贝时就会漏掉卖家设置的宝贝，使其错过类目展示的机会。

图 6-16 为淘宝网首页展示的类目属性，我们在"童装玩具"类目下可以看到"演出服""电动童车"等相关类目属性关键词。图 6-17 为淘宝网孕婴童频道中"儿童玩具"标签下的宝贝属性。

图 6-16　淘宝网首页展示的类目属性

图 6-17　"儿童玩具"标签下的宝贝属性

在进一步细化宝贝属性时，如单击"拼图 / 拼板"链接（见图 6-18），会进入该宝贝类目属性的搜索页面，在该页面中可以看到与之相关的所有宝贝（见图 6-19）。

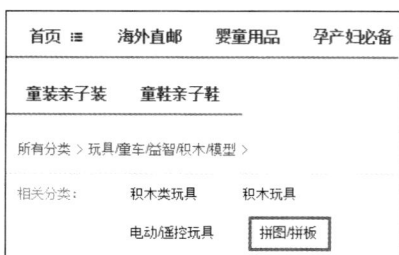

图 6-18　单击"拼图 / 拼板"链接

图 6-19　所有相关宝贝

宝贝属性准确与否直接影响宝贝被买家搜索到的概率。即使宝贝标题中没有属性关键词，也不会影响其被搜索到的概率。这是因为，这里展示出来的宝贝在发布之前填写属性时已经进行了设置（见图 6-20），因此，即使宝贝标题关键词中没有"拼图 / 拼板"，该宝贝也会展示给买家。

宝贝标题和宝贝属性不可随意设置。如果宝贝属性设置的是"牛仔"，但是宝贝标题关键词写的是"真皮",这就属于违规作弊,是会被扣分、降权的,也会影响宝贝类目流量。因此,卖家在设置宝贝属性时,需要注意宝贝标题和宝贝属性的相关性。准确填写宝贝属性的示例如图 6-21 所示。

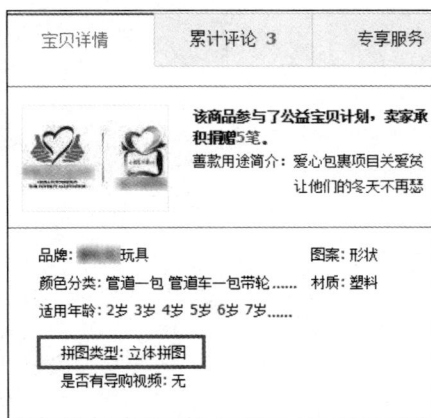

图 6-20　已设置了属性的宝贝

图 6-21　准确填写宝贝属性的示例

6.3.4　内页相关

内页相关是指宝贝详情页相关,即卖家在内页要多用文字来描述宝贝的基本特征。

第 7 章　店铺优化技巧

7.1　标题的优化

自然搜索带来的流量是免费的，因此，每位淘宝网卖家必须重视提升自然流量。自然流量的多少主要由宝贝标题、宝贝描述、宝贝图片和店铺装修等因素决定。本节将重点介绍如何优化这些影响因素，从而增加流量。

很多卖家都会有一个疑问，那就是在淘宝网中搜索某个宝贝后，为什么翻了很多页，就是找不到自己的宝贝？为什么找到的都是与搜索关键字相符合的其他店铺的宝贝？这就体现了宝贝标题对宝贝搜索权重的重要影响。例如，在淘宝网中搜索"纯棉印花 T 恤打底衫"，搜索结果如图 7-1 所示。

从图 7-1 中我们可以看到其他宝贝的标题关联性较强，宝贝的属性关键词被放在标题中，因此宝贝的权重相对较高，因而更容易被买家搜索到。

自然搜索与宝贝的标题有着密切的关联，只要标题中含有搜索量大且符合宝贝本身的关键词，那么该宝贝的排名就会靠前。

在拟定标题时，卖家可以参考同行销量较好的同款宝贝的标题。卖家要认真观察拟定的标题的行业搜索情况，一段时间后可以对标题进行修改。在修改宝贝标题时，卖家可以结合一定时间内宝贝所在行业的搜索量的增减情况。

图 7-1　"纯棉印花 T 恤打底衫"的搜索结果

7.1.1　组合宝贝标题

如果开通了淘宝直通车，卖家可以在相关页面参考各种热门关键词（见图 7-2）。

图 7-2　各种热门关键词

好的宝贝标题可以为宝贝带来流量。宝贝标题主要由类目词、属性词和促销词三部分组成。

- 类目词：商品的分类，如"女装""食品""水产""鞋帽"等。
- 属性词：以帽子为例，如"渔夫帽""棒球帽""贝雷帽"等。
- 促销词：能激发消费者购买欲望的词，如"聚划算""清仓打折""满减""买一送一"等。

下面介绍组合标题的技巧。

1. 杜绝多余重复的词

现在的淘宝搜索中有一些词是"废词"，如"包邮"这个词。卖家如果在宝贝上架前设置了"卖家承担运费"，那么当买家搜索"台灯 包邮"时，即使标题中没有"包邮"字样，宝贝也会被搜索到（见图 7-3）。

2. 寻找引流热词

热词就是有流量的词，即有搜索热度的词。热词包括核心词、属性词和修饰词。

不管是哪种词作为核心词，该词只有在淘宝

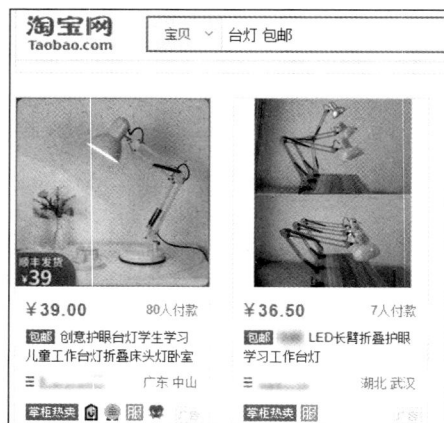

图 7-3　"台灯 包邮"的搜索结果

网搜索框的下拉列表中能自动出现衍生词的才是有效的（见图 7-4）。

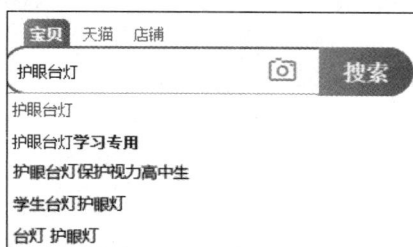

图 7-4　能自动出现衍生词的核心词

3. 利于展现并点击

宝贝标题的组合应当符合买家的体验度。组合标题只有清晰明了，才会吸引买家点击。由于阅读习惯的限制，着重在标题前半部分突出重点才能更好地吸引买家点击。

组合竞争力高的词应当保证完全匹配（不改变前后顺序，不去除空格），目的是保证完整的用户体验，因为卖家是按照买家的搜索习惯来选择关键词的，因此可以把竞争力高的词放在宝贝标题中。

例如，浴霸取暖器的卖点是智能、风暖型，使用场所是卫生间，因此，组合标题的重点关键词就是"智能风暖型卫生间多功能取暖器"（见图 7-5）。

图 7-5　组合标题的重点关键词

7.1.2　设置关键词

卖家在撰写宝贝标题时，不要一味地堆砌各种属性词和促销词。本小节将介绍关键词的分类及其作用，以帮助卖家更好地理解关键词，用好关键词。

1. 属性关键词

属性关键词包括商品的名称或俗称，商品的类别、规格和功能等介绍商品基本情况的词。图 7-6 中的"松糕帆布""平跟厚底"就是宝贝的属性关键词。

2. 品牌关键词

品牌关键词包括商品品牌关键词和店铺品牌关键词。图 7-7 中的"Nike"属于商品品牌关键词，"篮球鞋"属于店铺品牌关键词。

3. 评价关键词

评价关键词可以对买家产生一种心理暗示，一般都是正面的、褒义的词，如"皇冠信誉"（见图 7-8）。

¥ 69.00 包邮　13270人付款
小白鞋松糕帆布鞋女平跟厚底内
增高学生韩版夏季系带运动鞋

图 7-6　属性关键词

¥ 1 299.00 包邮　142人付款
Nike 耐克官方
男子篮球鞋

图 7-7　品牌关键词

¥ 396.00 包邮　6人付款
皇冠信誉专业代购2016夏装纯色镂空
格子无袖连衣裙

图 7-8　评价关键词

7.1.3　快速优化宝贝标题

宝贝标题可以设置 30 个字。如何利用这 30 个字对宝贝标题进行优化呢？下面介绍获取宝贝标题关键词的常见途径及选词的关键依据。

1. 获取宝贝标题关键词的常见途径

获取宝贝标题关键词的常见途径如下。

● 淘宝搜索框。淘宝搜索框的下拉菜单里的词都是淘宝网后台筛选出来的一些关键词，这些词非常值得关注。例如，在搜索框中搜索"T恤"，下拉菜单会自动弹出与"T恤"相关的词（见图 7-9）。

图 7-9　下拉菜单中自动弹出与"T 恤"相关的词

- 淘词。淘词提供了淘宝网所有买家输入的原始搜索字和原始搜索词的数据分析结果。卖家可以对关注的关键字和关键词进行全方位的检测。
- 您是不是想找。"您是不是想找"选项（见图 7-10）为搜索热词，卖家可以适当借鉴并加以提炼来设置宝贝的标题。

图 7-10　"您是不是想找"选项

- 其他来源。图 7-11 和图 7-12 为淘宝网发布的近几年移动端 Top 20 万词表的部分数据截图。图 7-13 和图 7-14 为直通车关键词排名。

	A	B	C	D	E
1	投放平台	关键词	一级类目	二级类目	三级类目
2	无线站内	连衣裙	女装/女士	连衣裙	
3	无线站内	女凉鞋	女鞋	凉鞋	
4	无线站内	蚊帐	床上用品	蚊帐	
5	无线站内	连衣裙夏	女装/女士	连衣裙	
6	无线站内	女T恤	女装/女士		
7	无线站内	魅族魅蓝	手机		
8	无线站内	V领衬衫	女装/女士	衬衫	
9	无线站内	孕妇连衣	孕妇装/孕	孕妇装	连衣裙
10	无线站内	移动4G手	手机		

图 7-11　淘宝网发布的近几年移动端 Top20 万词表的部分数据截图（1）

	A	B	C	D	E
11	无线站内	背带裙	女装/女士	连衣裙	
12	无线站内	充电宝	3C数码配	移动电源	
13	无线站内	夏季孕妇	孕妇装/孕	孕妇装	连衣裙
14	无线站内	男鞋	流行男鞋	低帮鞋	
15	无线站内	手机	手机		
16	无线站内	防晒衣	女装/女士	短外套	
17	无线站内	短袖女T恤	女装/女士		
18	无线站内	情侣装	女装/女士	T恤	
19	无线站内	沙发	住宅家具	沙发类	布艺沙发
20	无线站内	T恤男短袖	男装	T恤	

图 7-12　淘宝网发布的近几年移动端 Top20 万词表的部分数据截图（2）

图 7-13　直通车关键词排名（1）

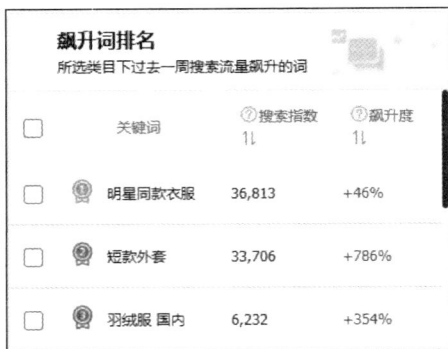

图 7-14　直通车关键词排名（2）

2. 选词的关键依据

卖家在选词时一定要参考相关数据。选词的关键依据主要包括搜索量、点击率与转化率、宝贝数量。

- 搜索量。要选具有一定搜索量的词，可以从淘词、Top 词表中获取。
- 点击率与转化率。点击率除了和关键词本身有关，还和宝贝主图相关；而转化率则受宝贝描述、价格、人气等指标的影响。
- 宝贝数量。宝贝数量决定了宝贝将面对多少个竞争对手。

7.2　宝贝描述的优化

宝贝描述即在宝贝详情页中通过文字、图片等形式阐述该宝贝的功能和特性。优秀的宝贝描述能将宝贝的卖点最大化地进行展示。好的宝贝描述的作用如下。

- 让顾客更了解宝贝。
- 获得顾客的信任与好感。
- 提升宝贝的品质感。
- 引导顾客下单。
- 增强页面的美化效果。
- 提升单品和店铺的转化率。
- 提高店铺的客单价。
- 增加页面访问时间。

- 提高页面访问深度。

7.2.1　撰写宝贝描述

撰写宝贝描述的注意事项如下。

- 了解产品的定位，并准备各种需要的
  素材，如图片（见图 7-15）。
- 罗列买家的关注点，并按重要程度进
  行排列。
- 根据重要性顺序画出线框图，设计简
  单的图文排列图示。

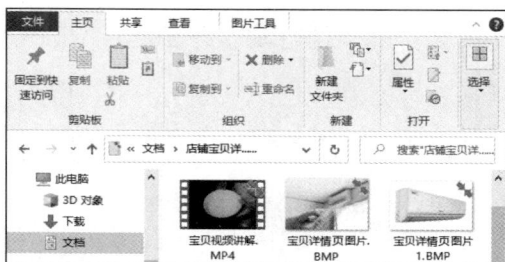

图 7-15　图片素材

下面介绍撰写宝贝描述的两个技巧。

1. 描述直观简洁

描述宝贝的内容要简单，且能够直观地表达买家关心的重点，如品牌、质量、价格
和售后服务等。

- 品牌：着重突出宝贝的品牌特性。
- 质量：在质量上与其他产品做对比（见图 7-16）。
- 价格：在保证质量的前提下突出产品的价格优势。
- 售后服务：以优质的售后服务吸引买家（见图 7-17）。

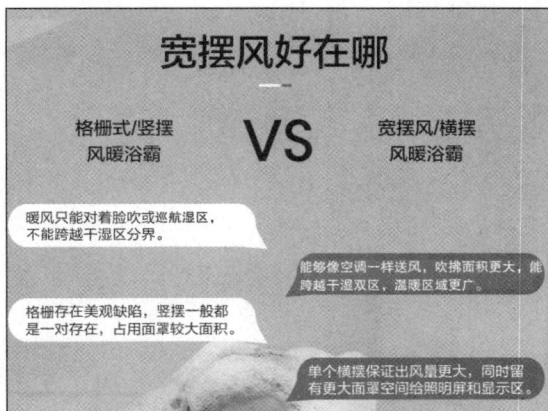

图 7-16　在质量上与其他产品做对比

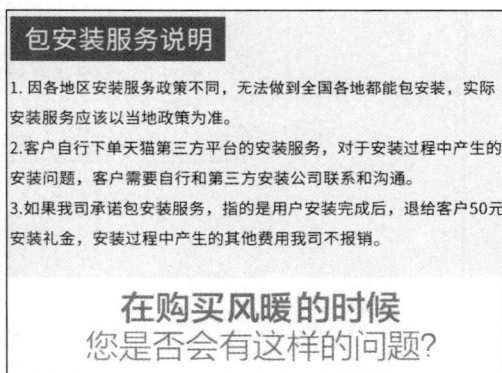

图 7-17　以优质的售后服务吸引买家

2.深入了解宝贝

只有熟悉宝贝的特点、优势，卖家才能更好地撰写宝贝描述（见图 7-18）。若卖家对宝贝不熟悉，则可以适当参考同行卖家的宝贝描述。

质感丝绒领口 减龄又时髦

图 7-18　撰写宝贝描述

7.2.2　买家真实好评截图

在宝贝描述页面展示买家的好评截图，不仅能促使新顾客快速下单，还可以在潜意识里激发买家的从众心理，从而让买家在收到货后给予类似的好评。也就是说，宝贝详情页里的买家真实好评截图能刺激顾客做出消费行为。

7.2.3　售后服务内容

售后服务内容具体包括退换货的具体期限、退换货的范围、退换货的基本原则、不予退换货的情况说明及退换货的来回运费说明等。

售后服务越周到，买家越放心。图 7-19 罗列了关于尺寸、发货、掉色等顾客比较关心的问题。

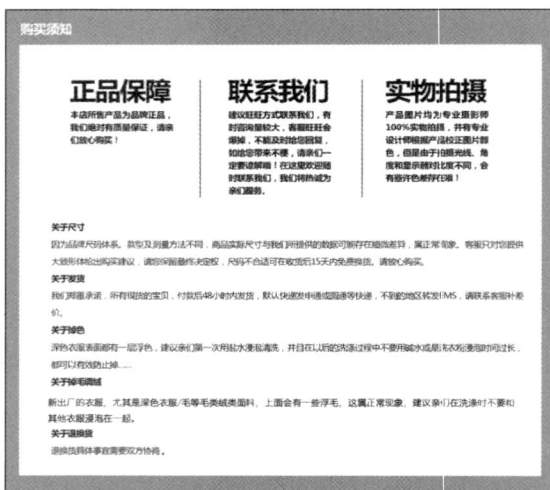

图 7-19　罗列了顾客比较关心的问题

7.3　美化宝贝图片

图片的美观度也是影响店铺流量的一个重要因素。要想宝贝有吸引力，美化宝贝图片必不可少。图 7-20 为美观度较高的宝贝图片。

7.3.1　设计商品主图

网络购物属于虚拟消费场所购物，买家往往会担心收到的实物与图片不符。为了提升顾客对店铺的信任度，建议卖家不要过度处理宝贝图片。

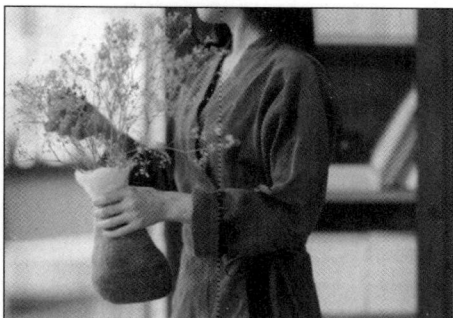

图 7-20　美观度较高的宝贝图片

下面介绍一些商品主图的设计技巧。

- 商品图片避免使用过多的色彩，否则会导致主图和宝贝卖点模糊。图 7-21 所示的商品主图整体简洁明了，可以吸引有诉求的买家点击。
- 如果要将同款不同色的商品展示在一张主图中（见图 7-22），应当分清主次，突出重点。

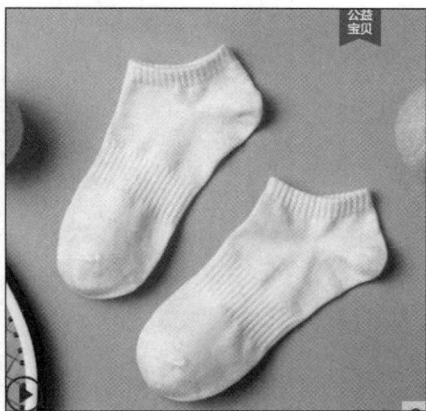

图 7-21　商品主图整体简洁明了

图 7-22　将同款不同色的商品展示在一张主图中

7.3.2　为宝贝图片添加水印

很多卖家都会为店铺内的宝贝图片添加水印，这样做不仅可以防止他人盗用图片，而且可以为自己的店铺做宣传。为宝贝图片添加文字水印的具体操作步骤如下。

❶ 在"淘宝旺铺"的图片空间页面中单击"更多设置"链接，在打开的列表中选择"水印设置"选项（见图 7-23），弹出"水印设置"对话框。

图 7-23 选择"水印设置"选项

❷ 在该对话框中的"文字水印"选项卡中设置字体、字号、字体样式、颜色和透明度等（见图 7-24）。

图 7-24 设置字体、字号、字体样式、颜色和透明度等

❸ 设置完成后，单击"确定"按钮，即可为宝贝图片添加文字水印。

7.4 店铺及商品装修

好的店铺装修能给顾客带来好心情，营造良好的购物环境；能吸引顾客的关注，塑造店铺形象；能激发顾客的购买欲望，促进成交。店铺装修并不是简单的美化，卖家要有全局的眼光和独特的出发点。卖家应做好全局规划，从各种视觉元素入手，打造一个整体的店铺形象。

店铺装修对宝贝流量的影响在于，当顾客进入店铺首页时，首页的装修及内容能让买家在页面停留的时间延长，并促使买家通过首页点击进入商品详情页进行浏览或购买。下面以"三只松鼠旗舰店"的首页（见图 7-25）为例，介绍店铺装修的设计思路。

图 7-25 三只松鼠旗舰店的首页

- 将促销信息展示在页面的上方，让买家一眼就能看到。
- 将热映电影与店铺信息联系起来，让买家眼前一亮，从而达到刺激消费的目的。

7.4.1 手机淘宝首页装修

目前，淘宝装修已经全面升级，更简洁、易操作。下面以手机淘宝为例，介绍如何在装修页面中添加各种设计模块。手机淘宝首页常见模块如下。

- 滚动海报。
- 促销区域。
- 关联宝贝区域。
- 推荐宝贝区域。
- 公告区域。
- 优惠券领取区域。

1. 设置宝贝导航

为了方便顾客更便捷地在店铺私域找货，新版店铺装修将新品、好物、活动和聚划算等基于货品生命周期运营的导航统一并入全部宝贝二级导航，并新增卖家可自定义分人群运营的二级导航。

卖家可以根据店铺不同人群需求匹配商品分类自定义导航名称和货品，如服饰行业卖家可设定"女士专区"和"男士专区"，母婴行业商家可设定"0~3 个月"和"3~6 个月"，美妆行业卖家可设定"敏感肌肤"和"痘痘肤质"等，并关联自定义承接页。

在设置自定义导航名称前，卖家需要了解以下相关规则。

- 名称字数不超过 4 个字。
- 个数不超过 2 个。
- 商家开放制度为白名单制，可提报行业小二，由行业小二统一联系店铺运营开启。

设置宝贝导航的具体操作步骤如下。

❶ 登录千牛工作台，单击"店铺管理"标签下的"店铺装修"链接（见图 7-26），进入"淘宝旺铺"的"店铺装修"页面。

图 7-26　单击"店铺装修"链接

❷ 在该页面中先单击左侧的"基础设置"图标，再选择右侧的"导航设置"标签，最后单击下方的"添加自定义导航栏"按钮（见图 7-27），弹出"编辑导航"对话框。

图 7-27　单击"添加自定义导航栏"按钮

自定义页（见图 7-28）。

图 7-28　输入"水彩颜料"，并设置关联
自定义页

❸ 在该对话框中的"导航名称"的文本框内输入"水彩颜料"，并设置关联

❹ 设置完成后，单击"确定"按钮，即可完成宝贝导航的设置。

2. 修改店铺基本信息

店铺基本信息包括店铺名称、店铺标志及店铺地址。卖家可以在"店铺装修"页面中的"基础信息"标签下修改店铺基本信息（见图 7-29）。

图 7-29　修改店铺基本信息

3. 新建页面

新建页面的具体操作步骤如下。

❶ 进入"淘宝旺铺"的"店铺装修"页面，在"手淘首页"页面中单击"新建页面"按钮（见图 7-30），弹出"新建页面"对话框。

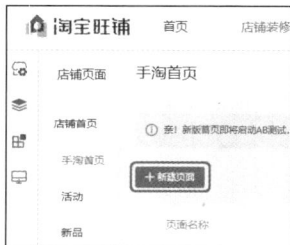

图 7-30　单击"新建页面"按钮

❷ 在该对话框中的"页面名称"的文本框内输入"促销页"（见图7-31）。

图 7-31　输入"促销页"

❸ 输入完成后，单击"确认"按钮，即可完成页面的新建。

4. 添加页面容器

在手机淘宝首页添加模块前，卖家需要根据实际设计需求在合适的位置添加相应的页面容器。具体操作步骤如下。

❶ 在"页面容器"页面中，将"智能宝贝推荐"图标拖动至合适的位置后释放鼠标左键或单击"确认放置"链接（见图7-32），即可添加指定版面，效果如图7-33所示。

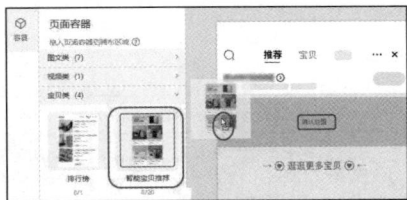

图 7-32　释放鼠标左键或单击"确认放置"链接

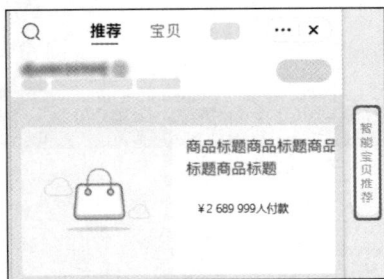

图 7-33　添加"智能宝贝推荐"页面容器后的效果

❷ 按照相同的方法添加"轮播图海报"页面容器（见图7-34）。

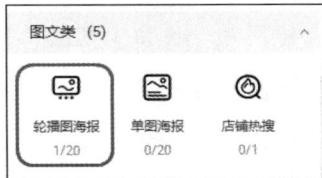

图 7-34　添加"轮播图海报"页面容器

❸ 在手淘首页第一栏添加"轮播图海报"页面容器后，单击右侧的"添加模块内容"图标（见图7-35），即可进入模块创建页面。

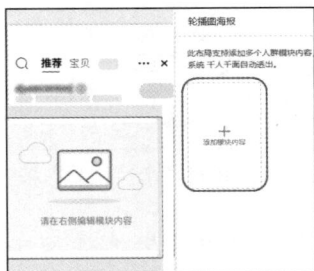

图 7-35　单击"添加模块内容"图标

5. 添加轮播图海报模块

添加轮播图海报模块的具体操作步骤如下。

❶ 在"选择模块/轮播图海报"页面中单击"创建模块"按钮（见图7-36），进入"轮播图海报"页面。

图 7-36　单击"创建模块"按钮

❷ 在该页面中设置模块基础信息后，单击"上传图片"按钮（见图7-37），弹出"选择图片"对话框。

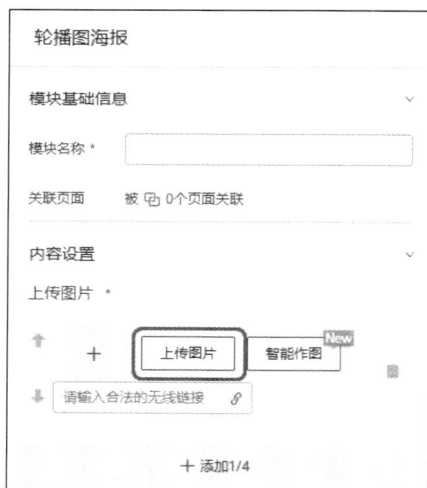

图 7-37　单击"上传图片"按钮

❸ 在该对话框中选择尺寸符合要求的图片后，单击"确认"按钮（见图7-38）。

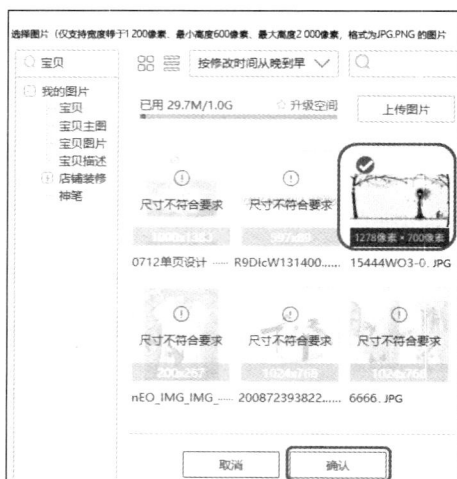

图 7-38　单击"确认"按钮

❹ 在新打开的页面中调整图片的宽度和高度后，单击"保存"按钮（见图7-39），即可完成轮播图海报模块的添加。

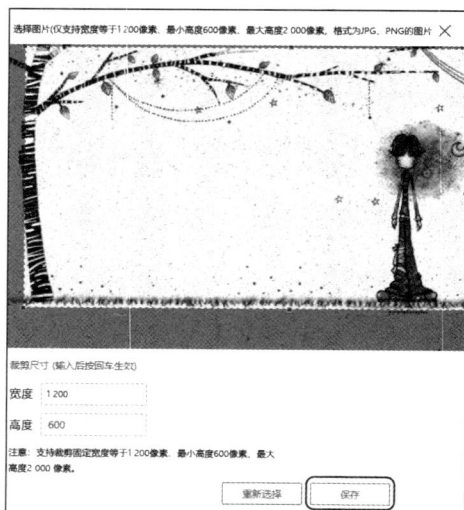

图 7-39　单击"保存"按钮

6. 添加智能宝贝推荐模块

添加智能宝贝推荐模块的具体操作步骤如下。

❶ 在"智能宝贝推荐"页面中设置模块基础信息，并选择模块样式（见图 7-40）。

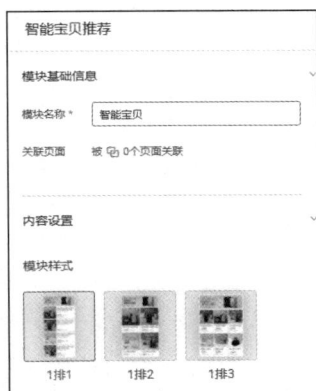

图 7-40　设置模块基础信息，并选择模块样式

❷ 在下方的页面中选中"选择商品库"栏下的"手动添加"单选按钮（见图 7-41），进入"选择商品"页面。

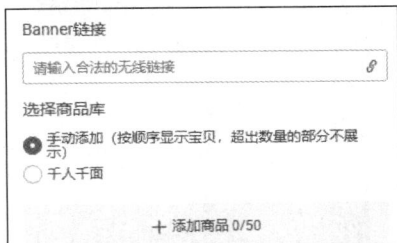

图 7-41　选中"手动添加"单选按钮

❸ 在该页面中选择需要添加的商品（见图 7-42）。

图 7-42　选择需要添加的商品

❹ 在"选择模块/智能宝贝推荐"页面中勾选模块预览左侧的复选框后，单击"确认"按钮（见图 7-43），即可完成智能宝贝推荐模块的添加。

图 7-43　单击"确认"按钮

❺ 此时可以在手淘首页预览页面中看到添加的智能宝贝推荐模块，效果如图 7-44 所示。

图 7-44　添加智能宝贝推荐模块后的效果

7.4.2　PC 端店铺装修

下面介绍 PC 端店铺的装修技巧。PC 端店铺首页模块如下。

- 宝贝详情页。
- 宝贝列表页。
- 基础页。
- 自定义页。
- 大促承接页。
- 门店详情页。

在 PC 端设置店铺模块的具体操作步骤如下。

❶ 在"淘宝旺铺"的"店铺装修"页面中单击"PC 装修"链接，进入"PC 装修"页面。

❷ 在该页面中单击"装修页面"按钮（见图 7-45），进入"旺铺|店铺"页面。

图 7-45　单击"PC 装修"链接

❸ 在该页面中单击"模块"图标，可以为店铺设置各种模块（见图 7-46）。

图 7-46　为店铺设置各种模块

7.4.3　商品装修

1. 上传主图视频

上传主图视频的具体操作步骤如下。

❶ 在"淘宝旺铺"的"商品装修"页面中单击指定商品右侧的"上传主图视频"链接（见图 7-47），进入"3∶4 主图视频设置∶"页面。

图（见图 7-48）。

图 7-47　单击"上传主图视频"链接

❷ 根据页面提示上传视频及宝贝主

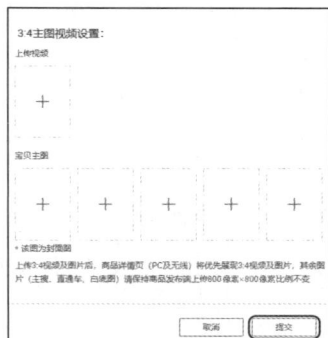

图 7-48　上传视频及宝贝主图

❸ 视频及宝贝主图上传完成后，单击"提交"按钮，即可完成主图视频的上传。

> **提示**
>
> 视频的比例应严格控制为 3∶4（画面上下不留黑），建议尺寸为 750 像素 × 1 000 像素及以上。视频时长最短为 5 秒，总时长控制在 60 秒以内（建议 30 秒左右，可优先被公域抓取）。视频大小应在 20 MB 以上，200 MB 以下。

2. 商品内容管理

店铺模块素材管理后台是针对店铺装修所需的素材进行专门化管理的后台。

在传统装修模式下，美工需要针对商品进行专门抠图切片后上传装修，高频且工作量大；另外，这种方式产出的是固定图片，图片内的商品不具备智能排序功能，效率往往不高。如果卖家拥有专门管理店铺内商品标题、文案、图片等素材的后台，就可以实现算法推荐下的智能调用，兼顾美观与效率，让美工能够发挥实质性作用。

目前，支持的素材主要包括以下三类。

- 图片类素材：比例为 1:1 和 3:4 的纯净底图和场景化图，主要应用于店铺可装修模块，以及商品推荐流自动调取使用。
- 文案类素材：商品短标题、卖点文案，主要应用于店铺可装修模块，以及商品推荐流自动调取使用。
- 视频类素材：支持多种尺寸的视频，主要应用于微详情。

商品内容管理的具体操作步骤如下。

❶ 在"淘宝旺铺"的"商品装修"页面中单击商品右侧的"商品内容管理"链接（见图 7-49），进入"商品内容管理"页面。

图 7-49　单击"商品内容管理"链接

❷ 根据页面提示设置短标题、推荐理由，并添加图片素材。

❸ 设置完成并添加图片素材后，单击"确认"按钮（见图 7-50）。

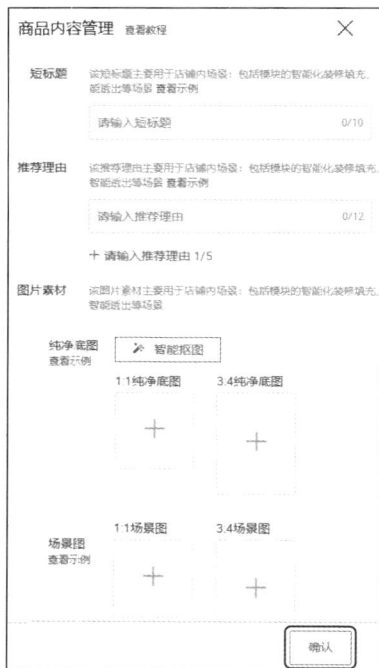

图 7-50　单击"确认"按钮

3. 宝贝详情页设计

宝贝详情页设计的具体操作步骤如下。

❶ 在"淘宝旺铺|详情"页面中单击"基础模块"右侧的"文字"链接（见图 7-51），弹出文本框，在文本框内输入文字。

图 7-51　单击"文字"链接

❷ 单击"基础模块"右侧的"图片"链接（见图 7-52），弹出"选择图片"对话框。

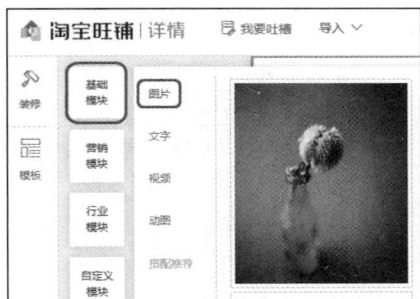

图 7-52　单击"图片"链接

❸ 在该对话框中选择宝贝图片（见图 7-53）。

4. 店铺活动设计

店铺活动设计的具体操作步骤如下。

❶ 在"淘宝旺铺|详情"页面中单击"营销模块"右侧的"店铺活动"链接（见图 7-55），进入"店铺活动"页面。

图 7-53　选择宝贝图片

❹ 图片选择完成后，单击"确认"按钮，返回"淘宝旺铺|详情"页面，即可看到图 7-54 所示的宝贝详情页。

图 7-54　宝贝详情页

图 7-55　单击"店铺活动"链接

❷ 在该页面中单击"选择已有活动"链接（见图7-56），弹出"链接选择工具"对话框。

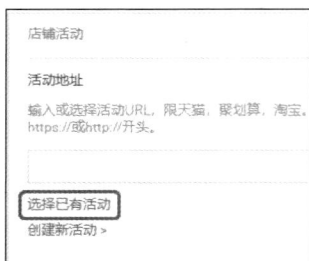

图 7-56 单击"选择已有活动"链接

❸ 在该对话框中的"大促活动"列表中选择合适的活动（见图7-57）。

图 7-57 选择合适的活动

❹ 活动选择完成后，单击"完成"按钮，即可添加活动。

❺ 返回"店铺活动"页面，单击"添加活动图片"按钮（见图7-58），即可为活动添加图片。

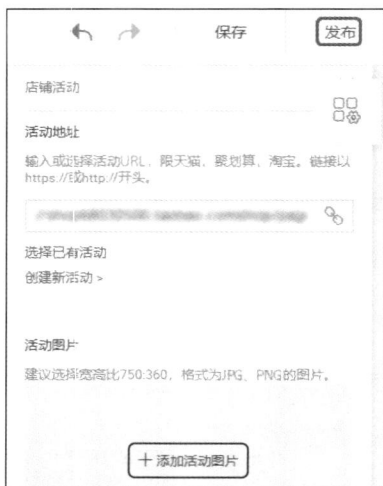

图 7-58 单击"添加活动图片"按钮

❻ 根据页面提示完成其他内容设置后，单击"发布"按钮。

5.PC 端板块设计

如果要设计PC端淘宝网店的页面，可以在"淘宝旺铺 | 详情"页面中单击"PC端"按钮（见图7-59）。

图 7-59 单击"PC 端"按钮

7.4.4 创建商家公告

商家公告是买家了解卖家店铺的一个窗口。创建商家公告的具体操作步骤如下。

❶ 在"淘宝旺铺"的"商品装修"页面中单击"批量投放"图标（见图 7-60）。

图 7-60 单击"批量投放"图标

❷ 在"淘宝旺铺|详情"页面中单击"批量投放"标签列表中的"商家公告"链接，然后单击"创建投放模块"按钮（见图 7-61），进入"淘宝旺铺|自定义模块"页面。

图 7-61 单击"创建投放模块"按钮

❸ 在该页面中选择"行业模块"选项，在右侧的"商家公告"列表中选择公告样式（见图 7-62）。

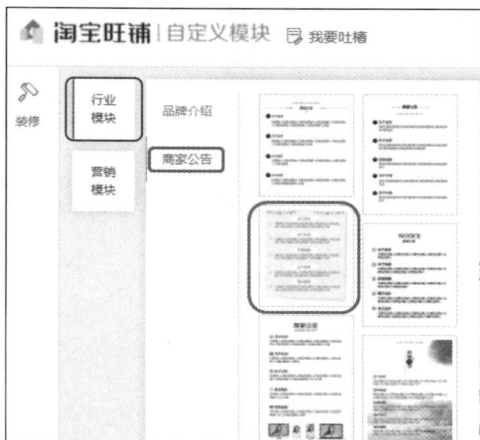

图 7-62 选择公告样式

❹ 根据实际需要设置公告内容，在右侧的面板中还可以设置模块背景色、模块高度等（见图 7-63）。

图 7-63 设置公告内容，以及模块背景色、模块高度等

❺ 根据页面提示依次完成其他设置。

7.5　撰写宝贝描述的注意事项

撰写宝贝描述的注意事项如下。

- 宝贝描述不要全是图片。
- 图片尺寸不宜过大。
- 宝贝描述不能是纯文字。
- 图片和实物差距不宜过大。

7.6　宝贝标题优化的注意事项

宝贝标题优化的注意事项如下。

- 关键词放前边，标题尽量简练，不可超出规定字数。
- 不要盲目对已是爆款的宝贝做标题优化。
- 不要频繁进行关键词优化，否则容易导致降权。
- 不要在标题中滥用符号，必要时可使用空格。
- 同类宝贝标题不能完全相同。
- 不要堆砌关键词。
- 不使用与宝贝不相关的关键词。
- 慎用品牌词，不使用违规词、侵权词和敏感词。
- 不要在标题中添加未获得授权及未加入的服务。
- 不要把店铺名称写进标题中（大卖家除外）。

7.7　宝贝标题优化的常见问题

问题一：关键词有前后顺序之分吗？

在搜索时，只要宝贝标题按搜索关键词的顺序排列（包含半角字符和空格），宝贝就能被买家搜索到。

问题二：关键词要按照搜索排序吗？

当搜索的关键词为"短袖 衬衫"时，只要标题中含有"短袖衬衫"这四个字，宝贝就能被买家搜索到。

问题三：标题中能添加符号吗？

这个问题其实涉及了一个关键词搜索规律——半角字符和空格在搜索结果中会被忽略。例如，在标题中设置"短袖 / 衬衫"和"短袖 衬衫"与设置"短袖衬衫"的效果是一样的，即买家在搜索"短袖衬衫"时，设置了"短袖 / 衬衫"和"短袖 衬衫"的宝贝都会被搜索到。

问题四：标题要包含促销词吗？

标题包含具有营销性质的、能吸引买家点击的词是非常有必要的，如"特价包邮""限量抢购""爆款热卖"等。

问题五：标题优化有周期吗？

标题优化是一个需要长期坚持的工作，一边优化，一边评估，一般评估周期为七天。

问题六：标题要包含产品的主要属性词吗？

标题尽量包含产品的主要属性词。例如，若"蕾丝"是一个很重要的属性，则一定要在标题中加上这个词。

第8章　商品的视觉营销

8.1　选择合适的摄影器材

要想拍摄出美观的宝贝照片，卖家首先要根据自己的实际情况选择合适的摄影器材。

8.1.1　选择合适的相机

要想拍摄出满意的宝贝照片，选择合适的相机是第一步。下面介绍几种常见的相机。

- 卡片相机。卡片相机是一种小型数码相机。对预算有限的中小卖家来说，卡片相机是首选。
- 单反相机。想要拍摄出专业的照片，首选单反相机。单反相机的价格昂贵，对中小卖家来说是一笔巨大的开支，而且它不便于携带、操作复杂。
- 微单相机。微单相机（见图8-1）是介于卡片相机和单反相机之间的一种跨界产品。如果中小卖家认为卡片相机无法满足自己的拍摄需求，可以退而求其次，选择微单相机。

图 8-1　微单相机

8.1.2　拍摄照片时要"稳"

三脚架的主要作用是稳定照相机，保证摄影效果。图8-2为将数码相机固定在三脚架顶端的效果。

三脚架的价格一般在几十元到上千元不等。中小卖家只需要购买百元左右、带有云台的三脚架，就能满足日常的拍摄需求。

图 8-2　将数码相机固定在三脚架顶端的效果

8.1.3　巧用反光工具调整曝光

选择好相机和三脚架后，为了让照片更清晰、更专业，拍摄时需要搭配使用反光工具。使用反光工具可以更好地还原商品本身的颜色和质感。下面介绍两种反光工具。

● 反光伞。反光伞（见图 8-3）可以在较小的工作空间里实现大面积的柔光效果，且便于携带和安装。

● 反光板。反光板（见图 8-4）是拍摄时所用的照明辅助工具。反光板在外景拍摄中起辅助照明作用，有时可作主光用。不同的反光表面，可以产生软硬不同的光线。

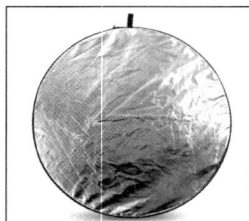

图 8-3　反光伞　　　　　　　图 8-4　反光板

8.1.4　简易摄影棚让拍摄更出彩

由于光线、环境的限制，很多照片需要在室内进行拍摄。如果使用简易摄影棚进行拍摄，就可以省去很多麻烦，如打光、物品摆放等。

● 小型摄影棚。淘宝网上销售的小型摄影棚（见图 8-5）非常适合预算有限、售卖商品体积不大的卖家。小型摄影棚适合拍摄食品、珠宝、小饰品、小家具、玩具和化妆品等商品。

● 自制摄影棚。卖家可以自制摄影棚（见图 8-6）。

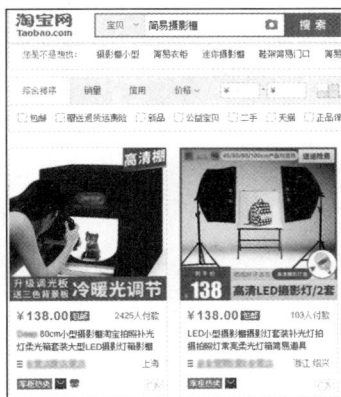

图 8-5　淘宝网上销售的小型摄影棚

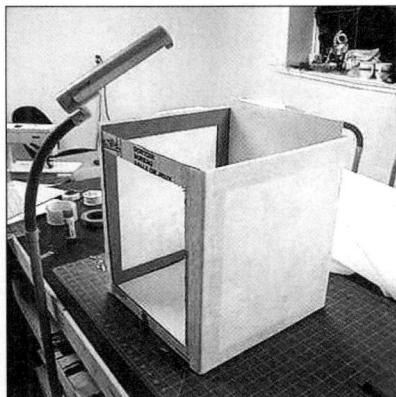

图 8-6　自制摄影棚

8.2　简单实用的构图技巧

运用特定的构图技巧，不仅可以让宝贝图片更加吸引人，还可以更好地展示宝贝在场景中的应用效果及细节等。

8.2.1　经典的黄金分割构图

采用黄金分割构图可以使宝贝图片获得更佳的视觉效果。图 8-7 所示的 C 点为黄金分割点。

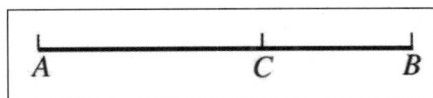

图 8-7　黄金分割点

图 8-8 和图 8-9 都是典型的黄金分割构图。

图 8-8　典型的黄金分割构图（1）

图 8-9　典型的黄金分割构图（2）

8.2.2 正中位置展示宝贝

卖家除了可以采用黄金分割构图，还可以在图片的正中位置展示宝贝（见图 8-10），同时虚化图片背景，以突出宝贝。

图 8-10 在图片正中位置展示宝贝

8.2.3 对角线构图

卖家也可以采用对角线构图拍摄出令人满意的宝贝照片。图 8-11 就是标准的对角线构图。

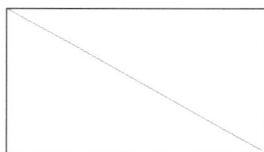

图 8-11 标准的对角线构图

图 8-12 为自行车的对角线构图效果，其利用近大远小的原理，采用对角线构图来展示自行车的全貌。

图 8-13 为相机的对角线构图效果，将宝贝放在图片的左下角位置，整体显得更加活泼。

图 8-12 自行车的对角线构图效果

图 8-13 相机的对角线构图效果

8.2.4　留白让构图更艺术

为了更好地向买家展示店铺内的宝贝，卖家可以在设计宝贝图片时适当留白。

留白不等于空白，留白也是一种构图方法。这种构图方法可以有效地突出宝贝，集中买家的注意力。

不同的留白面积会让图片整体产生不同的效果。

图 8-14 为珠宝饰品的留白构图效果。饰品体积比较小，而且很精细，为了避免其他色彩、背景掩盖其本身的色泽和材质，多采用留白构图。图 8-15 为灯具产品的留白构图效果，图片中左侧展示产品，右侧为文案，背景采用浅灰色可以衬托产品本身的特性。

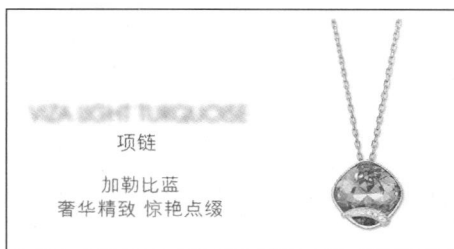

图 8-14　珠宝饰品的留白构图效果

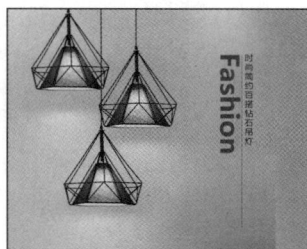

图 8-15　灯具产品的留白构图效果

8.2.5　虚实结合构图

商品图片中如果只有一个商品，则会显得单调，这时需要搭配背景，但是背景突出的话，就会喧宾夺主，因此，拍照时要注意有实有虚。

1. 背景虚化

很多卖家会将宝贝放在完整的场景中进行拍摄，如果不具备熟练的修图技巧，复杂的背景处理起来非常麻烦，这时可以在拍摄时将背景虚化，这样能更好地突出宝贝。

图 8-16 为鞋靴类宝贝的背景虚化处理效果。图 8-17 为女装类宝贝的背景虚化处理效果。

图 8-16　鞋靴类宝贝的背景虚化处理效果

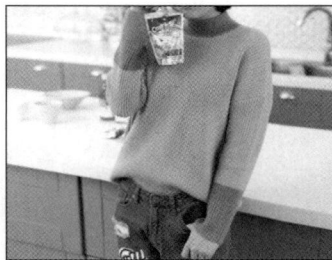

图 8-17　女装类宝贝的背景虚化处理效果

2. 虚化次要宝贝

如果卖家将多个相同宝贝放在同一个画面中进行拍摄，就需要对次要宝贝进行虚化处理。

图 8-18 为餐具类宝贝的虚化次要宝贝处理效果。图 8-19 为饰品类宝贝的虚化次要宝贝处理效果。

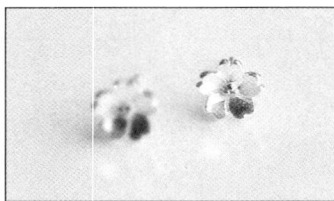

图 8-18　虚化次要宝贝处理效果（1）　　图 8-19　虚化次要宝贝处理效果（2）

8.2.6　学会用手机拍照片

随着科技的发展，手机的拍摄效果越来越好，甚至不输部分相机。用手机拍照片也十分方便。

选择一款合适的手机是拍摄出优质照片的关键。

1. 手机的主要参数

手机的主要参数如下。

- 光圈。目前，手机中比较常见的表示光圈大小的值有 f2.0、f2.2 等。f 值越小，表示光圈越大，其图像性能越好。
- 像素。像素点的面积越大，得到的光线越多，拍摄出来的照片效果越好。
- 分辨率。分辨率是手机的重要参数之一。其实所有的画面都是由一个个的小点组成的，这些小点被称为像素。为了便于表示屏幕的大小，通常用横向像素 × 竖向像素的方式来表示。
- 闪光灯。闪光灯可以帮助拍摄者在暗处或夜晚时将灯光投射到拍摄物体上，让拍摄物体更加清晰。

2. 手机微距拍摄的技巧

手机微距拍摄的技巧如下。

● 外接微距镜头。在安装手机外接微距镜头时，要注意将外接镜头对准手机镜头，拍照前先用专用的清理工具或质地柔软的布将镜头擦拭干净。图 8-20 为适用于手机的微距镜头。

● 拍摄角度。拍摄者要注意拍照的角度，可以尝试多个角度，以便获得更好的效果。手机镜头尽量与拍摄的物体保持平行（见图 8-21）。

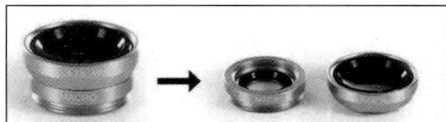

图 8-20　适用于手机的微距镜头

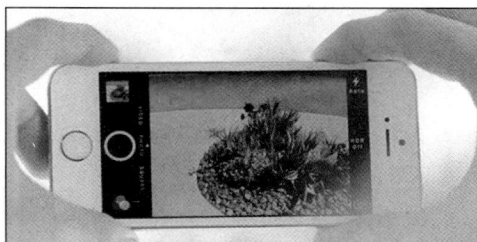

图 8-21　手机镜头尽量与拍摄的物体保持平行

● 光线合适。拍摄者在拍照时要选择一个光线合适的环境，光线太强，容易曝光过度；光线不足，则容易产生噪点。

3. 修图软件

下面介绍三种修图软件。

● 美图秀秀。美图秀秀（见图 8-22）是一款免费影像处理软件，包含滤镜、拼图、全能修图和闪光夜拍等功能。

● 黄油相机。黄油相机（见图 8-23）是一款摄影与录像类手机软件，它里面提供了很多图片处理素材和模板、滤镜。

● Photoshop Express。Photoshop Express（见图 8-24）是一款图像处理软件。用户可以在应用商店中下载 Photoshop Express App。该 App 支持屏幕横向照片，并重新设计了线上、编辑和上传工作流，具有在一个工作流中按顺序处理多张照片的功能。Photoshop Express 重新设计了图片管理功能，简化了相簿共享流程，升级了图标和外观，查找和使用编辑器更加轻松。

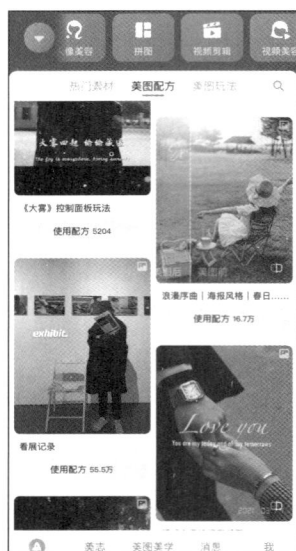

图 8-22　美图秀秀

图 8-23　黄油相机

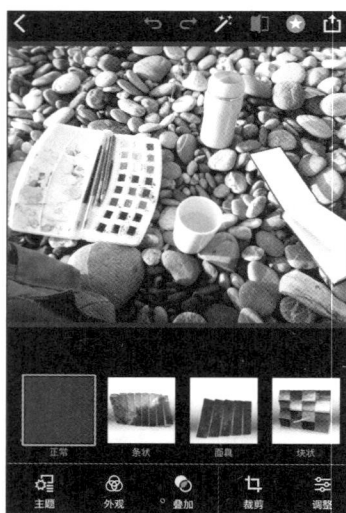

图 8-24　Photoshop Express

8.3　光影魔术手让修图更简单

光影魔术手是一款非常简单、易操作且实用的图片处理软件。其具有以下优势。

● 拥有自动曝光、数码补光、白平衡、亮度对比度、饱和度、色阶、曲线和色彩平衡等一系列非常丰富的调图参数，操作更流畅，简单易上手。

- 拥有多种丰富的数码暗房特效，如 Lomo 风格、背景虚化、局部上色、褪色旧相、黑白效果和冷调泛黄等。
- 可以给照片加上各种精美的边框，轻松制作个性化相册。
- 拥有自由拼图、模板拼图和图片拼接三大模块。
- 具有便捷的添加文字和水印功能。
- 具有图片批量处理功能。

8.3.1　裁剪图片

裁剪图片的具体操作步骤如下。

❶ 打开光影魔术手软件，单击"打开"按钮（见图 8-25），弹出"打开"对话框。

图 8-25　单击"打开"按钮

❷ 在该对话框中选择图片（见图 8-26）。

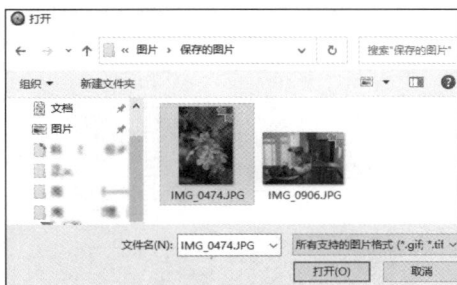

图 8-26　选择图片

❸ 在下方的页面中单击"裁剪"按钮（见图 8-27），进入裁剪状态。

图 8-27　单击"裁剪"按钮

❹ 按住鼠标左键在图片上拖动，释放鼠标左键后即可拖出一个裁剪区域（见图 8-28）。

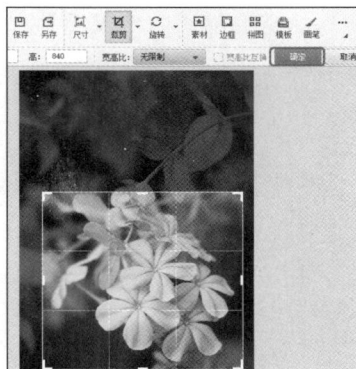

图 8-28　拖出一个裁剪区域

❺调整裁剪尺寸后，单击"确定"按钮，即可完成图片的裁剪，效果如图 8-29 所示。

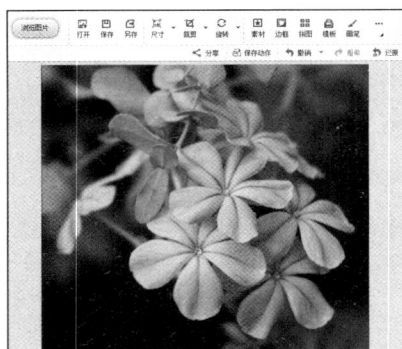

图 8-29 图片裁剪后的效果

8.3.2 调整数码补光参数

调整数码补光参数的具体操作步骤如下。

❶选择需要调整数码补光的宝贝图片。

❷打开光影魔术手软件，单击"基本调整"选项卡中"数码补光"的下拉按钮，分别调整"补光亮度""范围选择""强力追补"三个参数（见图 8-30）。

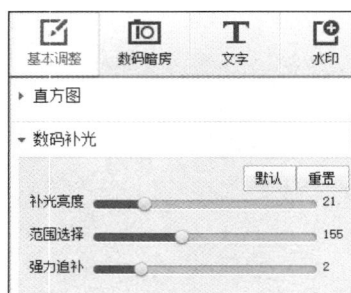

图 8-30 调整"数码补光"的三个参数

8.3.3 抠图

抠图的具体操作步骤如下。

❶选择需要抠图的宝贝图片。

❷打开光影魔术手软件，单击"抠图"按钮，在打开的列表中选择"自动抠图"选项（见图 8-31），进入"选择画笔："页面。

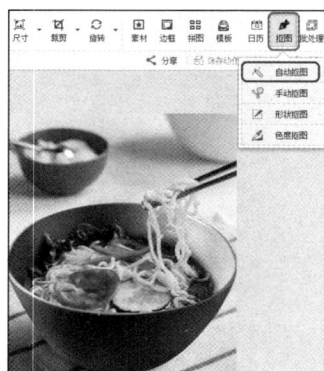

图 8-31 选择"自动抠图"选项

❸ 在该页面中单击"选中笔"按钮（见图 8-32），进入抠图页面。

图 8-32　单击"选中笔"按钮

❹ 在图片上拖动鼠标，选中要保留的区域（此时会有虚线显示选中的区域）（见图 8-33）。

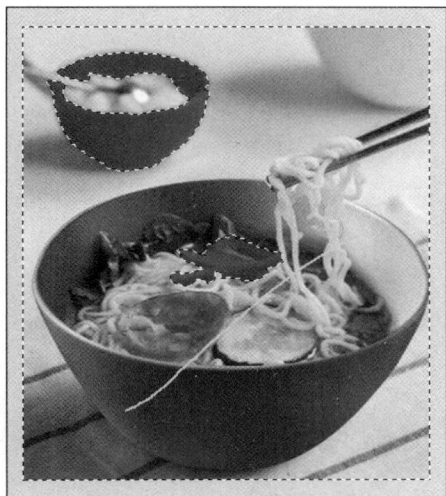

图 8-33　选中要保留的区域

❺ 单击"删除笔"按钮，在图片上拖动鼠标，选中要删除的区域（见图 8-34）。

图 8-34　选中要删除的区域

❻ 如果最终的效果不满意，可以通过"选中笔"和"删除笔"功能进行调整。单击"替换背景"按钮，即可完成抠图操作，效果如图 8-35 所示。

图 8-35　抠图后的效果

8.3.4　添加图片边框

添加图片边框的具体操作步骤如下。

❶ 选择需要添加边框的宝贝图片。

❷ 打开光影魔术手软件，单击"边框"按钮，在打开的列表中选择"轻松边框"选项（见图8-36），进入"推荐素材"页面。

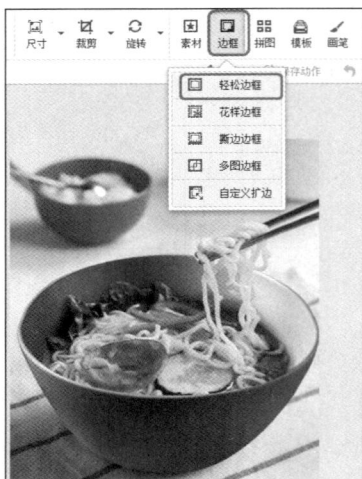

图 8-36　选择"轻松边框"选项

❸ 在该页面中选择"简洁"边框列表中的边框样式（见图8-37）。

图 8-37　选择"简洁"边框列表中的边框样式

❹ 如果选择"自定义扩边"效果，可以在参数设置栏中设置"四边同步""像素""百分比"等参数（见图8-38）。

图 8-38　设置"自定义扩边"参数

❺ 设置完成后的自定义扩边效果如图8-39所示。

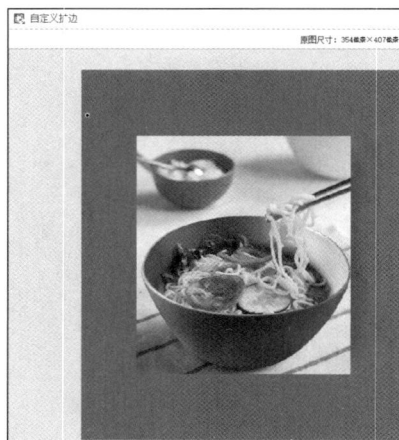

图 8-39　设置完成后的自定义扩边效果

8.3.5 添加水印

添加水印的具体操作步骤如下。

❶ 选择需要添加水印的宝贝图片。

❷ 打开光影魔术手软件，单击"水印"按钮，在打开列表中单击"添加水印"按钮（见图 8-40），弹出"打开"对话框。

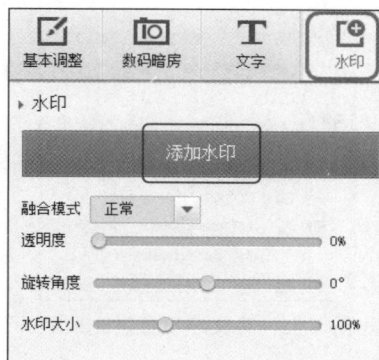

图 8-40 单击"添加水印"按钮

❸ 在该对话框中选择要作为水印的图片（见图 8-41）。

图 8-41 选择要作为水印的图片

❹ 在"水印"页面中首先设置水印图片的"融合模式"为"叠加模式"，再

设置"透明度""旋转角度""水印大小"三个参数（见图 8-42）。

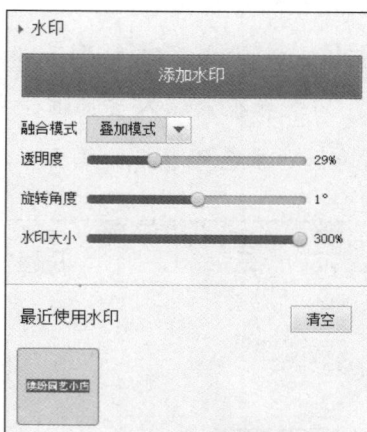

图 8-42 设置水印图片的"融合模式"，以及"透明度""旋转角度""水印大小"三个参数

❺ 设置完成后，宝贝图片添加水印后的效果如图 8-43 所示。

图 8-43 宝贝图片添加水印后的效果

8.3.6 为宝贝图片添加描述文字

为宝贝图片添加描述文字的具体操作步骤如下。

❶ 选择需要添加描述文字的宝贝图片。

❷ 打开光影魔术手软件，单击"文字"按钮，打开文字参数列表。先在"文字"的文本框内输入宝贝描述文字，再设置字体、颜色等参数（见图 8-44）。

图 8-44 输入宝贝描述文字，设置字体、颜色等参数

❸ 在下方的页面中单击"添加新的文字"按钮，即可添加新的文本框，再输入新的宝贝描述文字。打开"高级设置"列表，为文字设置发光效果（见图 8-45）。

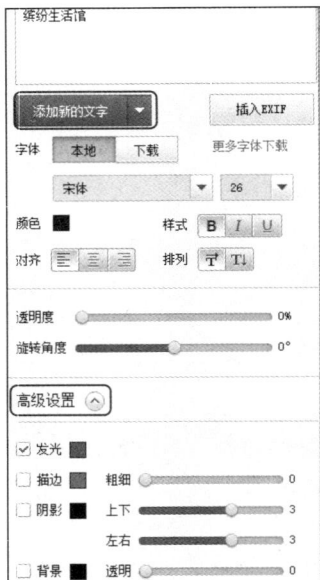

图 8-45 为文字设置发光效果

❹ 设置完成后的效果如图 8-46 所示。

图 8-46 设置完成后的效果

8.3.7 拼接多张宝贝图片

拼接多张宝贝图片的具体操作步骤如下。

❶ 打开光影魔术手软件，单击"拼图"按钮，在打开的列表中选择"自由拼图"选项（见图 8-47），进入"自由拼图"页面。

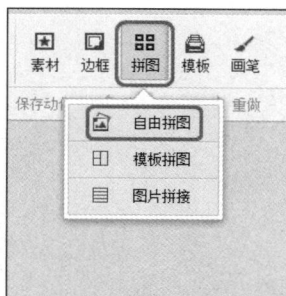

图 8-47　选择"自由拼图"选项

❷ 在该页面中单击"添加多张图片"按钮（见图 8-48），弹出"打开"对话框。

图 8-48　单击"添加多张图片"按钮

❸ 在该对话框中选择多张图片（见图 8-49）。

图 8-49　选择多张图片

❹ 选择完成后，单击"打开"按钮，打开多张图片作为拼图素材。

❺ 此时可以看到选中的三张图片显示在"自由拼图"页面的左侧。按住鼠标左键，将左侧的三张图片拖动至右侧的空白区域，效果如图 8-50 所示。

图 8-50　将左侧的三张图片拖动至右侧的空白区域的效果

❻ 使用鼠标左键拖动的方式调整三张图片的位置、大小和角度。

❼ 调整完成后，单击"确定"按钮（见图 8-51），即可完成拼接多张宝贝图片的操作。

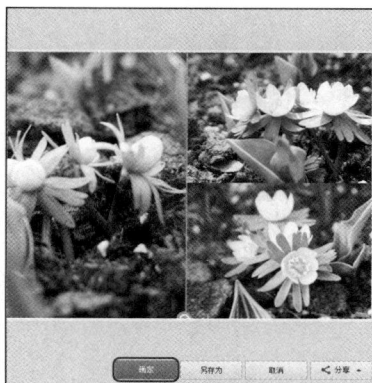

图 8-51　单击"确定"按钮

8.3.8　调整照片的颜色

卖家可以使用"光影魔术手"这一工具来调整照片的颜色。具体操作步骤如下。

❶ 选择需求调整颜色的照片。

❷ 进入基本调整参数调整面板，在"色阶"选项下设置各个通道的参数（见图 8-52）。

❸ 在"曲线"和"色彩平衡"选项下调整图片的颜色（见图 8-53）。

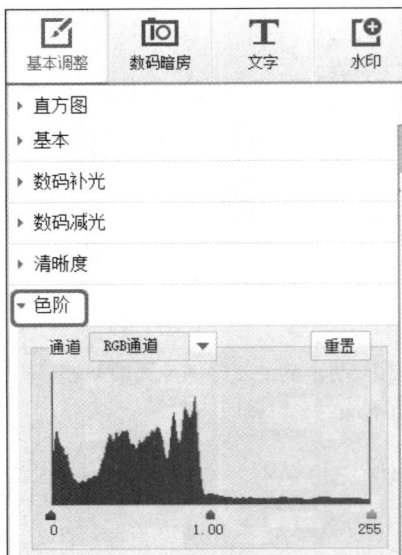

图 8-52　设置各个通道的参数

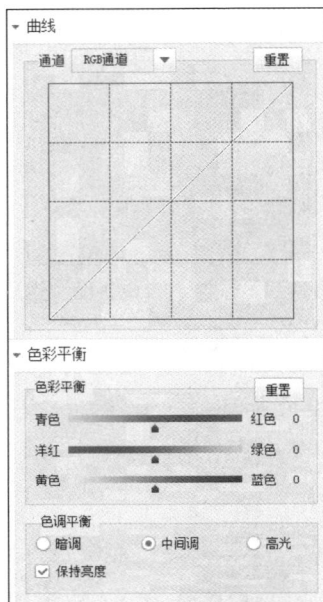

图 8-53　调整图片的颜色

第9章　店铺装修

9.1　装修店铺准备工作

在装修店铺前，卖家要做好相关准备工作，如装修店铺需要用到的图形图像处理软件、店铺装修的配色及页面布局的规划等。

9.1.1　图形图像处理软件

卖家需要使用一些图形图像处理软件来美化宝贝图片。下面介绍一些专业的图形图像处理软件。

1. Photoshop CS

Photoshop CS 主要处理由像素构成的数字图像。作为专业的图形图像处理软件，Photoshop CS 既可以自由绘制、处理各种宝贝图片，也可以设计动态图片等。

图 9-1 为利用 Photoshop CS 软件设计的店铺"双十一"商品促销页。

图 9-1　利用 Photoshop CS 软件设计的店铺"双十一"商品促销页

2. 淘宝美工助理

淘宝美工助理是一款淘宝店铺装修使用的特效代码生成软件，其主要功能如下。

- 能生成全屏装修、固定背景、全屏海报、触控切图、卡盘轮播、缩略图轮播、放大镜、手风琴、滚动轮播、底部卡盘轮播、右侧卡盘轮播、多图格子轮播、多图宝贝秀、方块导航轮播、瀑布流和百叶窗等 200 多种特效代码。

- 具有采集、预览、编辑和生成代码等功能。

- 具备层叠样式表（Cascading Style Sheets，CSS）代码采集等功能，后续更新会开发更多的实用功能。

- 集成淘宝美工常用的素材网站、学习网站，便于快捷访问。

图 9-2 为淘宝美工助理首页的各种功能按钮。图 9-3 为代码生成器设置页面。

图 9-2　淘宝美工助理首页的各种功能按钮

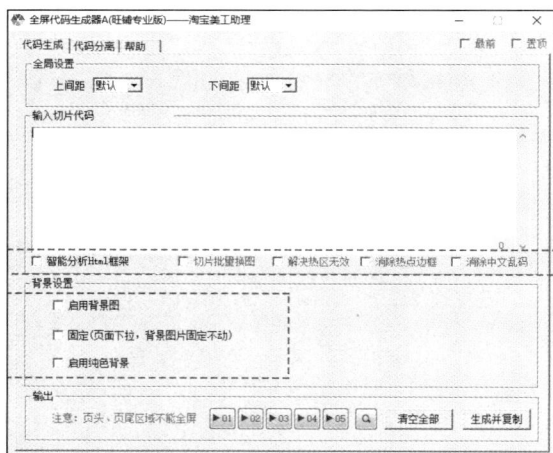

图 9-3　代码生成器设置页面

3. 美图秀秀

美图秀秀是一款免费影像处理软件。卖家打开美图秀秀软件，注册并登录账户，即可在线编辑宝贝图片（见图 9-4）。

图 9-4　在线编辑宝贝图片

9.1.2　页面布局

在店铺装修中，页面布局十分重要。合理的页面布局可以让店铺页面更加整洁、有序，进一步提升页面的视觉效果。

下面介绍页面布局的技巧。

1. 突出展示商品图片

卖家可以在"图片轮播"模块中突出展示商品图片（见图 9-5）。

图 9-5　在"图片轮播"模块中突出展示商品图片

轮播图片的质量直接影响商品的点击量、浏览量。因此，卖家在选择和制作轮播图片时需要注意以下事项。

- 要突出店铺的主题，符合店铺的整体风格。
- 要尽量保持图片的完整性。
- 图片要清晰，要让商品一眼看上去有质感、有层次。
- 图片上最好有适当的描述文字，描述文字要简洁、重点突出、排版美观。

2. 突出顶部广告

对一个页面来说，顶部区域是比较重要的，因为顾客一般是从上往下浏览页面的。例如，卖家可以在店招中添加促销、新品等广告信息（见图 9-6 和图 9-7）。

图9-6 在店招中添加促销、新品等广告信息（1）

图9-7 在店招中添加促销、新品等广告信息（2）

3. 突出左侧广告

由于大部分顾客习惯从左往右浏览页面，因此合理地利用页面左侧部分也非常重要。

首先，卖家可以在左侧栏添加和编辑"宝贝推荐""宝贝排行"模块来展示店铺内的商品，以起到关联销售的作用。

其次，卖家可以在左侧栏添加和编辑"自定义内容区"模块来突出店铺的广告信息（见图9-8）。

图9-8 在左侧栏添加和编辑"自定义内容区"模块

最后，卖家可以在页面背景图的左侧设计一些固定的广告内容。

4. 突出图片和文字延伸

对个性化的店铺来说，图片和文字延伸往往更能体现出别样的风格、特色。

如图9-9所示，在简单素雅的图片上配上一段诗文，能让人感受到不一样的意境：仿佛置身一间幽幽古寺，耳边传来声声钟鸣。

图 9-9　突出图片和文字延伸（1）

如图 9-10 所示，在女装店铺的页面中插入这样一幅图片，更能凸显店铺的复古文艺风格。

图 9-10　突出图片和文字延伸（2）

9.1.3　店铺装修配色

卖家在装修店铺前，要明确店铺的风格。店铺的风格主要体现在色彩、页面布局等方面。

卖家首先要选择适合店铺的色彩，这是做好店铺视觉营销的基础。很多卖家在装修店铺时习惯在一个页面里堆砌很多色块，使整个页面色彩杂乱无章。其实，优秀的页面设计一定要有主色调，然后搭配一些辅助颜色，这样整体效果才会更好。

1. 冷暖色配色

- 冷色系。冷色系包括蓝、绿、紫等颜色，这些颜色容易让人联想到天空、冰雪、海洋等物像，给人一种安静、沉稳、压抑、凝重、坚实、强硬的感觉。我们经常会在淘宝网店中看到简洁、大气的蓝色基调页面（见图 9-11）。一些销售红酒的淘宝网店中经常使用紫色来体现产品的品质（见图 9-12）。

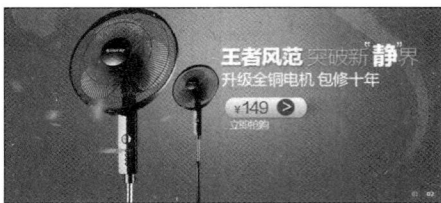
图 9-11 蓝色基调页面

图 9-12 使用紫色来体现产品的品质

● 暖色系。暖色系包括红色、橙色等颜色。红色通常给人一种朝气活泼的感觉。橙色象征着健康、幸福和温暖。图 9-13 和图 9-14 分别为红色配色和橙色配色的效果，给人一种激情、温暖、向上的感觉。

图 9-13 红色配色

图 9-14 橙色配色

2. 简洁配色

在设计店铺配色时，最保险的配色就是使用简洁配色。

图 9-15 为某彩妆店铺首页的宝贝成列页面配色效果，这里只将边框设计为统一的颜色，宝贝图片占据整个页面，可以更好地突出宝贝，避免配色抢夺视觉焦点。尤其在设计彩妆这类本身就颜色丰富的产品页面时，更要使用简洁配色。图 9-16 为某产品的信息页，背景色使用白色，以突出产品的颜色和外观。

图 9-17 将宝贝图片分割成两种不同的颜色设计，描述文字部分的背景色使用灰色，宝贝部分的背景色使用白色。图 9-18 为某产品的试色效果展示，背景色使用白色，可以更好地展示唇彩的颜色。

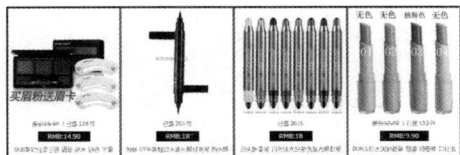

图 9-15　某彩妆店铺首页的宝贝成列页面配色效果

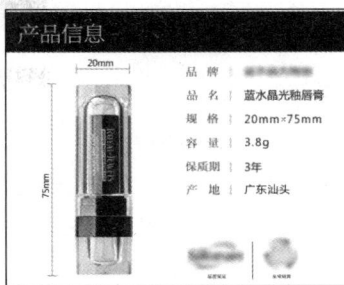

图 9-16　某产品的信息页

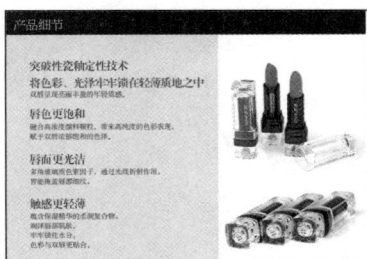

图 9-17　将宝贝图片分割成两种不同的颜色设计

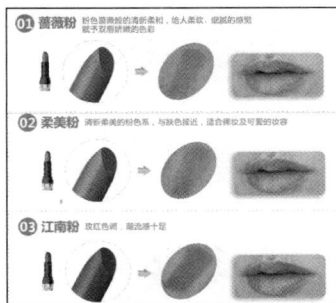

图 9-18　某产品的试色效果展示

图 9-19 和图 9-20 为手机的正面展示详情页面设计效果，其整体色彩搭配简洁，不会给人沉重的感觉；背景色使用和产品本身相似的颜色，能够更好地和产品融为一体。图 9-21 为某产品的描述文字页面，背景色使用灰色，避免盖住文字信息。

图 9-19　手机的正面展示详情页面
设计效果（1）

图 9-20　手机的正面展示详情页面
设计效果（2）

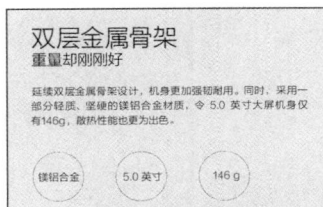

图 9-21　某产品的描述文字页面

图 9-22 和图 9-23 为箱包类宝贝的细节展示配色设计效果，这里需要结合宝贝本身的颜色进行文字配色及背景配色的设计，避免使用对比过于强烈的颜色。

图 9-22　箱包类宝贝的细节展示配色设计效果（1）

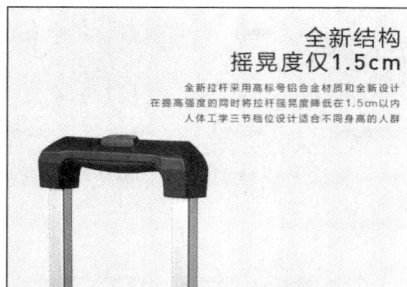

图 9-23　箱包类宝贝的细节展示配色设计效果（2）

9.2　使用模板

卖家可以在淘宝装修后台使用付费模板来装修店铺。付费模板包括由淘宝网提供和自由设计师提供的店铺装修模板。

9.2.1　官方装修模板

卖家可以在店铺装修页面中下载使用官方装修模板。具体操作步骤如下。

❶ 登录千牛工作台，单击"店铺管理"标签下的"店铺装修"链接（见图 9-24），进入"淘宝旺铺"的"店铺装修"页面。

图 9-24　单击"店铺装修"链接

❷ 在该页面中单击缩略图模板上的"使用"按钮，即可使用官方装修模板（见图 9-25）。

图 9-25　单击"使用"按钮

9.2.2　美图秀秀模板

1. 主图模板设计

主图模板设计的具体操作步骤如下。

❶ 打开美图秀秀软件，单击"模板设计"图标（见图 9-26），进入"美图秀秀"页面。

图 9-26　单击"模板设计"图标

❷ 在该页面中的搜索框内输入"主图"，然后在"全部"中选择图片（见图 9-27）。

图 9-27　在"全部"中选择图片

❸ 图片选择完成后，在下方的页面中单击"替换图片"按钮（见图 9-28），弹出"打开"对话框。

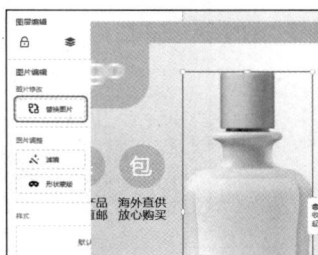

图 9-28　单击"替换图片"按钮

❹ 在该对话框中选择图片（见图 9-29）。

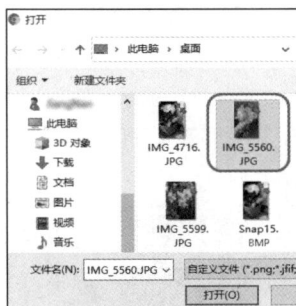

图 9-29　选择图片

❺ 图片选择完成后，单击"打开"按钮，即可替换图片，效果如图 9-30 所示。

图 9-30　替换图片后的效果

❻ 返回"美图秀秀"页面，单击左侧"文字"标签下的"添加文字"按钮（见图9-31），即可在模板上添加文本框。

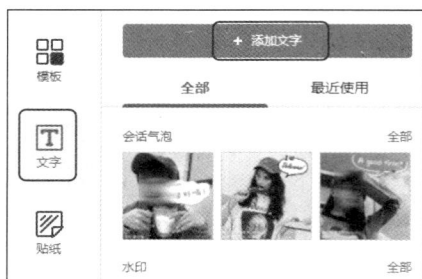

图9-31 单击"添加文字"按钮

2. 店铺公告模板

设计店铺公告模板的具体操作步骤如下。

❶ 在下方页面的右侧选择店铺公告模板（见图9-33）。

图9-33 选择店铺公告模板

❷ 根据需要修改模板中的图片和文

3. 促销模板

设计促销模板的具体操作步骤如下。

❼ 根据需要在文本框内输入文字，效果如图9-32所示。

图9-32 输入文字后的效果

字，效果如图9-34所示。

图9-34 修改模板中的图片和文字后的效果

❶ 在下方页面的右侧选择促销模板（见图 9-35）。

图 9-35 选择促销模板

❷ 根据需要修改模板中的图片和文字，效果如图 9-36 所示。

图 9-36 修改模板中的图片和文字后的效果

9.3 优秀店铺装修案例

俗话说："人靠衣装，佛靠金装。"店铺装修也是一样的，好的装修可以让店铺看上去像专卖店一样，不好的装修则会让店铺看上去像地摊。下面分别从店铺装修涉及的几大版面，通过介绍优秀的案例来帮助大家掌握店铺装修的设计思路。

图 9-37 为女装类店铺首页的装修设计效果，整体偏简洁文艺风，非常适合商品本身的消费群体定位。图 9-38 为化妆品类店铺的首页装修设计效果，顶端是店铺新品或优惠促销套件大海报，它下面是店铺优惠券，正在淘宝直播的店铺会在首页始终显示小窗口，底端是必买清单。

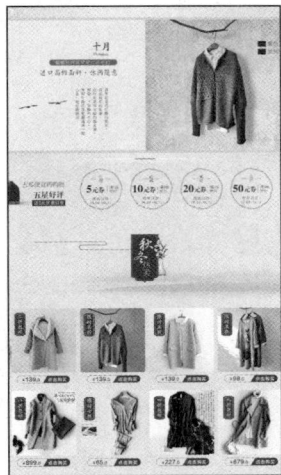

图 9-37 女装类店铺首页的装修设计效果

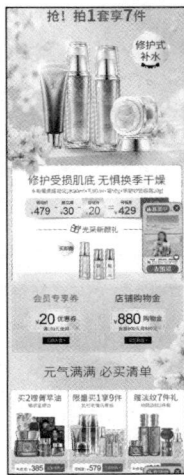

图 9-38 化妆品类店铺首页的装修设计效果

9.3.1 主图设计

主图是买家进入宝贝详情页后首先看到的图片，也是买家在网页搜索宝贝后优先看到的图片，因此，合适的宝贝主图具有很强的引流效果。

如图 9-39 所示，卖家将优惠价和赠品展示在宝贝主图中，以吸引买家购买。如图 9-40 所示，卖家将产品的功效展示在宝贝主图中，引导买家不用花时间看详情页就可以对产品的功效了如指掌。

图 9-39　将优惠价和赠品展示在宝贝主图中

图 9-40　将产品的功效展示在宝贝主图中

图 9-41 为常见的宝贝主图展示效果。图 9-42 为突出服装细节和格纹样式的宝贝主图展示效果。

图 9-41　常见的宝贝主图展示效果

图 9-42　突出服装细节和格纹样式的宝贝主图展示效果

图 9-43 所示的厨房用具宝贝主图以展示产品使用方法的方式，让买家快速了解产品的用途。图 9-44 为鞋子上脚效果图，买家可以直观地看到鞋子的实际穿着效果。

图 9-43　厨房用具宝贝主图

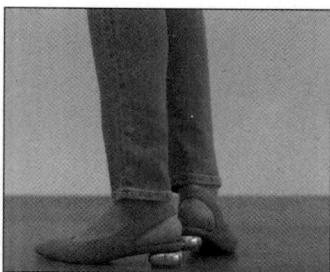

图 9-44　鞋子上脚效果图

9.3.2　详情页设计

详情页包含很多内容，如宝贝的整体、细节和功效等。卖家可以尽情地在详情页中展示宝贝的特点，也可以展示店铺的售后服务等信息。图 9-45 所示的详情页中详细介绍了产品的护肤原理和功效。

对珠宝首饰类店铺装修来说，最重要的就是宝贝的拍摄和页面效果设计，要突出展示产品的色泽、材质等特性。在详情页设计中，要着重展示宝贝的正面、侧面和背面。

图 9-46 为宝贝的正面展示。图 9-47 为首饰的佩戴效果展示。

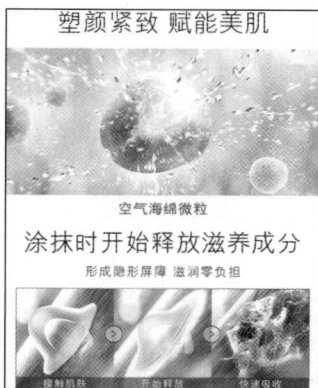

图 9-45　详情页中详细介绍了产品的护肤原理和功效

图 9-46　宝贝的正面展示

图 9-47　首饰的佩戴效果展示

对于服装类和鞋靴类产品，卖家可以在详情页中制作一张详细的尺码图，方便买家对照。图 9-48 为鞋靴类产品的尺码参考表。

电器类产品的更新换代速度非常快，因此在介绍产品时可以突出其新功能，以及其如何在生活中带来方便和舒适，针对买家的诉求点进行详细介绍。图 9-49 为电器类产品的详情页。

图 9-48　鞋靴类产品的尺码参考表

图 9-49　电器类产品的详情页

对于生鲜类产品，除了展示产品的外观和介绍烹饪方式外，还要说明产品的产地等信息。卖家最好在生鲜类产品的详情页中附检疫证明（见图 9-50）。

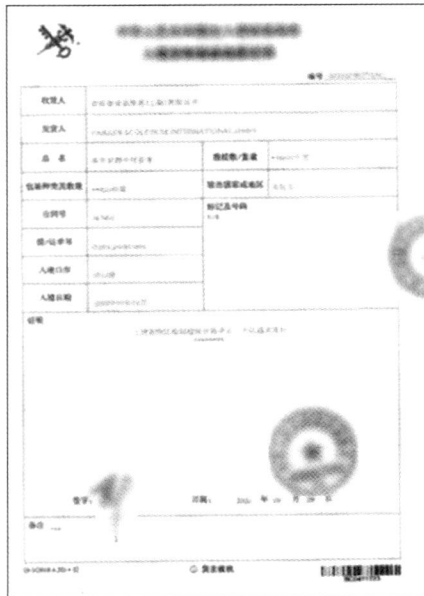

图 9-50　生鲜类产品的检疫证明

9.3.3　促销页设计

促销页在店铺装修中是非常重要的一个版面。如图 9-51 所示，在店铺首页的店招中添加了店铺热销商品的链接，买家可以直接点击购买商品。

图 9-51　在店铺首页的店招版中添加了店铺热销商品的链接

图 9-52 是常见的促销宝贝页面设计，上方展示宝贝的外观，下方展示产品的促销信息，右侧展示"新品""6 期免息"等信息。图 9-53 为鞋靴类产品的促销页设计，上新的卖家可以制作一个"新品"促销页，也可以设计一个"加入会员享专属礼遇"的页面。

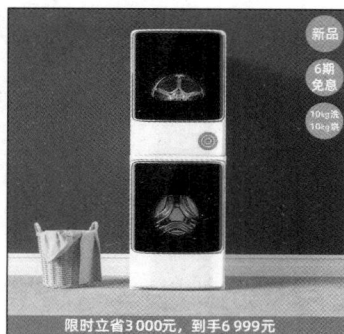

图 9-52　常见的促销宝贝页面设计

图 9-53　鞋靴类产品的促销页设计

如果卖家参加了年货节、聚划算、"双十一""双十二"等大型官方促销活动，也可以专门设计相关促销页，将其展示在店铺首页的醒目位置，吸引买家购买商品。图 9-54 为年货节促销页设计。

如果店铺最近有特惠活动，卖家可以在店铺首页底端添加促销页（见图 9-55）。

图 9-54　年货节促销页设计

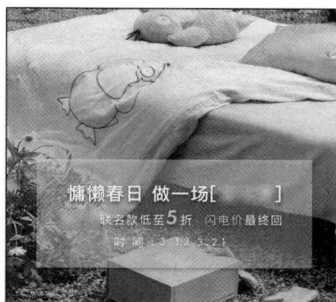

图 9-55　在店铺首页底端添加促销页

9.3.4　超级钻展设计

加入超级钻展后，只要有展现就会收费，因此，卖家应利用该广告位按要求设计合适的钻展图片。图 9-56 为 PC 端淘宝网中的超级钻展图片设计，突出了商品主图和促销信息。图 9-57 为手机淘宝客户端的超级钻展展示图片，着重展示商品、赠品图片和促销信息。

图 9-56　PC 端淘宝网中的超级钻展图片设计

图 9-57　手机淘宝客户端的
超级钻展展示图片

9.3.5　优惠券设计

卖家可以在店铺首页添加优惠券（见图 9-58），一般可设计为满多少元可用。图 9-59 为无门槛优惠券设计。

图 9-58　在店铺首页添加优惠券

图 9-59　无门槛优惠券设计

图 9-60 为白底黑字简洁明了的优惠券设计。图 9-61 为黄色底纹、白色字体的优惠券设计。

图 9-60　白底黑字简洁明了的优惠券设计

图 9-61　黄色底纹、白色字体的优惠券设计

9.3.6 宝贝分类设计

店铺首页一般会显示宝贝分类，方便买家快速找到自己想要购买的宝贝。图 9-62
为家居类店铺的宝贝分类设计。图 9-63 为家电类店铺的宝贝分类设计。

图 9-62 家居类店铺的宝贝分类设计

图 9-63 家电类店铺的宝贝分类设计

图 9-64 为某运动品牌店铺的宝贝分类设计。图 9-65 为某文具店铺的宝贝分类设计。

图 9-64 某运动品牌店铺的宝贝分类设计

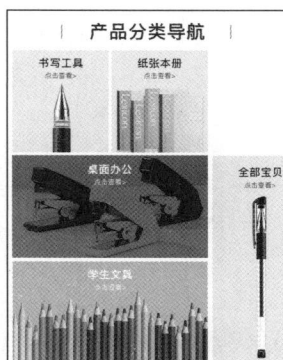

图 9-65 某文具店铺的宝贝分类设计

第 10 章　付费推广

10.1　超级钻展

淘宝网针对卖家的需求，提供了超级钻展服务，通过在站内投放图片广告，并通过展现次数来收取费用，即使买家没有点击进去看，达到一定的展现量后也会收取费用。

在淘宝网站内投放钻展的位置有很多，如首页、已买到的宝贝页面、支付宝支付后的页面等。当然，卖家还可以将图片广告投放在站外网站。

超级钻展升级后，手机淘宝首屏进行了改版。超级钻展的大多广告素材以竖版形式为主，横版焦点图流量将不断下降，新资源位流量逐渐攀升。

首页焦点展示位置第 2 帧（见图 10-1），竖版展示面积更大，效果更好。

图 10-1　首页焦点展示位置第 2 帧

10.1.1　新版超级钻展的推广优势

新版超级钻展的推广优势如下。

- 推广的对象人群更清晰。
- 覆盖消费者生活的各种多维全场景。
- 玩法更多，多重刺激消费者互动点击。
- 降低商家平台操作门槛，智能技术 / 算法加持操作更便捷。

10.1.2　超级钻展的准入规则

卖家只有符合相关规则，才能成为钻石展位广告服务用户。

1. 淘宝网卖家

- 店铺信用等级达到四星及以上。
- 店铺的 DSR 三项指标的评分均在 4.4 分及以上。
- 在使用阿里妈妈营销产品或淘宝服务时未因违规而被暂停或终止服务。
- 店铺如因违反《淘宝规则》中的相关规定而被处罚扣分的，还须符合以下条件（见表 10-1）。

表 10-1　淘宝网卖家还需符合的条件

类型	累计扣分	距离最近一次扣分时间
出售假冒品	≥ 6 分	满 365 天
严重违规	≥ 6 分、< 12 分	满 30 天
	12 分	满 90 天
	12~48 分	满 365 天
虚假交易	≥ 48 分	满 365 天

2. 天猫、飞猪商家

- 店铺的 DSR 三项指标的评分均在 4.4 分及以上。
- 在使用阿里妈妈营销产品或淘宝服务时未因违规而被暂停或终止服务。
- 店铺如因违反《天猫规则》《飞猪规则》《飞猪国际服务条款规则》中的相关规定而被处罚扣分的，还须符合以下条件（见表 10-2）。

表 10-2　天猫、飞猪商家还需符合的条件

类型	累计扣分	距离最近一次扣分时间
出售假冒品	≥ 6 分	满 365 天
严重违规	≥ 6 分、< 12 分	满 30 天
	12 分	满 90 天
	12~48 分	满 365 天
虚假交易	≥ 48 分	满 365 天

3. 口碑网商家

- 商户关联的门店整体达标率不小于 80%。

- 在淘宝网上有开店并展示的口碑商户。
- 门店符合"主营类目"的要求。
- 店铺评分不低于 4 分。

10.1.3　场景投放

超级钻展可以覆盖消费者存在的各种场景，如消费购物场景（淘宝网、天猫、1688）、出行场景、社交场景（微博）、资讯场景（今日头条）、娱乐场景和支付场景（支付宝）等。卖家在开通超级钻展后，就可以在这些场景投放了。

进入超级钻展的具体操作步骤如下。

❶ 登录千牛工作台，单击"营销中心"标签列表中的"超级钻展"链接（见图 10-2），进入"开启您的投放计划"页面。

❷ 在该页面中单击"进入超级钻展"按钮（见图 10-3），即可进入超级钻展设置页面。

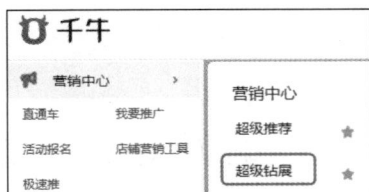

图 10-2　单击"超级钻展"链接

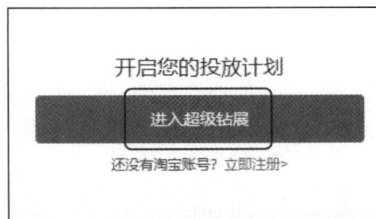

图 10-3　单击"进入超级钻展"按钮

10.1.4　创意组件

超级钻展的创意组件包括以下几个部分。

1. 动态组件

动态组件的设计规范和设计建议如下。

- 设计规范：动效的分辨率为 640 像素 × 200 像素，尺寸在 600 KB 以内，帧数建议 20~60 帧（无重复帧）、帧速建议 0.1~0.5 秒，并建议循环播放。
- 设计建议：利用动效体现商品的功能或卖点；利用动效展示不同的商品颜色、款式或商品外观的不同角度；利用动效点缀商品，体现品牌调性和氛围；在动效区域内，尽可能扩大动效表达幅度，吸引用户注意。

2. 优惠券组件

优惠券组件（见图 10-4）能帮助卖家自动在创意上进行有效优惠券信息的最优展示，并实时与优惠券库存同步。使用该组件既不需要制作多套不同优惠券的创意图片，又可以减少创意冷启动的问题。

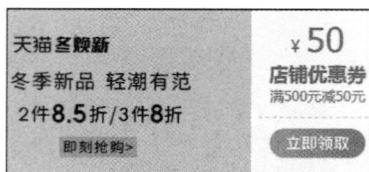

图 10-4　优惠券组件

- 商品优惠券可以和店铺首页自动进行联动，如果卖家选择店铺首页作为投放主体，那么店铺首页中会自动插入店铺优惠券或商品专属优惠券及对应的商品，实现所见所得。
- 优惠券组件对所有广告触达用户展现，如果所选类型的优惠券全部领取完，那么不再显示优惠券组件，创意图片仍可正常展现。

3. 直播组件

直播组件特指钻展全店推广下进行直播的推广。焦点图直播组件（见图 10-5）目前适用于店铺自播和代播的场景。

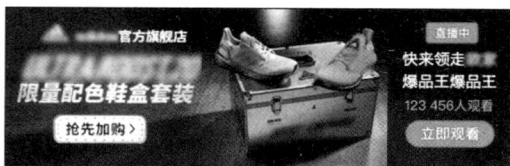

图 10-5　焦点图直播组件

10.1.5　竖版钻石展位

竖版钻石展位的整体素材由店铺信息组件、智能标签组件和图片三部分组成。

- 店铺信息组件：可以突出店铺的名称和 Logo。
- 智能标签组件：目前选择有"店铺关系标签"和"优惠券标签"。其中，"店铺关系标签"会根据消费者和店铺的远近关系突出"曾购买""曾加购""曾关注店铺"

三种类型，"优惠券标签"则从店铺优惠券中选取最大面额的进行突出，若两者都勾选，会优先突出"店铺关系标签"。

● 图片：（略）。

竖版钻石展位的排版方式如下。

● 文字和商品属于上下关系（见图 10-6），整体呈居中对齐。
● 文字和商品属于左右关系（见图 10-7），文字竖版摆放。

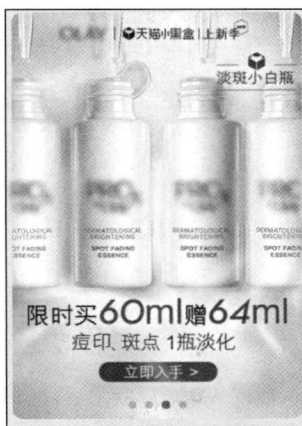

图 10-6　文字和商品属于
上下关系的钻展图片

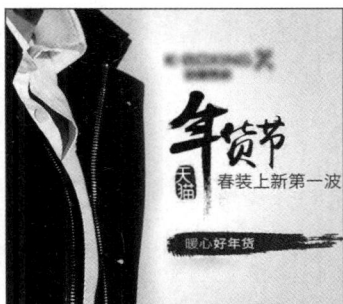

图 10-7　文字和商品属于
左右关系的钻展图片

● 文字以浮层的方式放在产品上（见图 10-8）。
● 涉及产品小样类的排版可采取竖排创意设计方式（见图 10-9）。

图 10-8　文字以浮层的方式放
在产品上的钻展图片

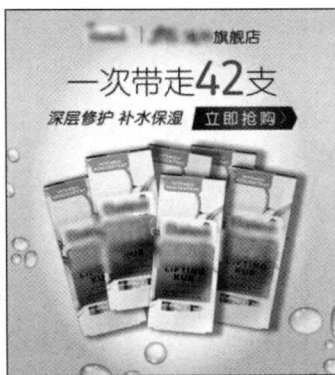

图 10-9　采取竖排创意
设计方式的钻展图片

10.1.6 出价方式

超级钻展的出价方式更智能，算法更强大。传统广告中的出价是基于人群出价，而在超级钻展中针对的是每个访问量（Page View，PV）层面出价及分配，极大地提高了效率。从系统优化空间大小上来说，三种出价方式的排序为预算控制＞成本控制＞出价控制。

- 预算控制：基于设置的营销目标，系统进行出价，帮助卖家竞得与营销目标匹配的人，出价上不做限制。例如，在有限的预算下最大化卖家获得的宝贝点击量。
- 成本控制：在预算控制的基础上设置成本阈值，保障成本可控。
- 出价控制：系统竞价优化空间最小，在设置的营销目标下，按照卖家设置的出价上下浮动竞得流量。

10.1.7 钻展人群定向

钻展人群定向分为渠道定向和关键词定向。

- 渠道定向。渠道定向是把不同导购链路下（包括付费部分及免费部分）已经和店铺发生过浏览/点击行为的消费者进行聚合，利用钻石展位的品牌展示及效果收割能力进行二次投放。它可以帮助店铺更好地进行精细化的运营消费者及不同渠道下的精细化流量运营，有效提升钻石展位的投放效率。
- 关键词定向。关键词定向是指根据用户近 30 天搜索过的关键词或浏览过的宝贝标题中包含该关键词的人群，如"90% 鸭绒羽绒服"是指近 30 天搜索过"90% 鸭绒羽绒服"或浏览过的宝贝标题中包含"90% 鸭绒羽绒服"的用户。

10.2　直通车推广

直通车是为淘宝网卖家量身定制，并按点击付费的一个营销工具。直通车推广在给宝贝带来曝光量的同时，其精准的搜索匹配也为宝贝挖掘了精准的潜在买家。目前，参与直通车推广的每件商品可以设置 200 个关键字。

直通车推广就是卖家使用直通车工具后，买家通过搜索关键词，在直通车展位上能看到对应的推广信息，如商品图片、商品标题、商品售价与成交笔数等。

直通车可以帮助卖家实现精准营销,在投放前,会提供丰富的数据洞察;在投放中,所有信息均可自行设置;在投放后,可以提供完整多维的产出报告。

10.2.1　直通车准入规则

除非用户与阿里妈妈另有书面约定,如果要成为淘宝网/天猫直通车服务用户,须符合相关规则,包括但不限于以下内容。

1.淘宝网卖家

- 店铺、用户状态正常。
- 店铺的开通时间不少于 24 小时。
- 店铺综合排名良好。
- 店铺如因违反《淘宝规则》中的相关规定而被处罚扣分的,还须符合表 10-3 所示的条件。

表 10-3　淘宝网卖家还需符合的条件

类型	累计扣分	距离最近一次扣分时间
出售假冒品	≥6 分	满 365 天
严重违规	≥6 分、< 12 分	满 30 天
	12 分	满 90 天
	12~48 分	满 365 天
虚假交易	≥48 分	满 365 天

2.天猫、飞猪商家

- 店铺、用户状态正常。
- 店铺的开通时间不少于 24 小时。
- 店铺综合排名良好。
- 店铺如因违反《天猫规则》《飞猪规则》中的相关规定而被处罚扣分的,还须符合表 10-4 所示的条件。

表 10-4　天猫、飞猪商家还需符合的条件

类型	累计扣分	距离最近一次扣分时间
出售假冒品	≥6 分	满 365 天

（续表）

类型	累计扣分	距离最近一次扣分时间
严重违规	≥6 分、< 12 分	满 30 天
	12 分	满 90 天
	12~48 分	满 365 天
虚假交易	≥48 分	满 90 天

3. 口碑网商家

- 商户所关联的门店整体达标率不小于 80%。
- 在淘宝网上有开店并展示的口碑商户。
- 门店符合"主营类目"的要求。
- 店铺的 DSR 三项指标的评分均不低于 4 分。
- 店铺综合排名良好。

提示

卖家在加入直通车推广计划时，应通过绑定的支付宝账户缴纳淘宝网 / 天猫直通车类目保证金。

10.2.2 直通车的推广优势

直通车的推广优势如下。

- 店铺有机会展示在搜索结果页及销量排行的显著位置。
- 对新手非常友好，提供新店扶持。
- 仅展现不收费，不点击不扣费。

进入直通车开通页面并充值账户的具体操作步骤如下。

❶ 登录千牛工作台，单击"营销中心"标签下的"直通车"链接（见图 10-10），进入"进入直通车"页面。

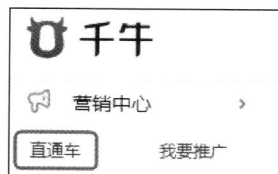

图 10-10 单击"直通车"链接

❷ 在该页面中单击"进入直通车"按钮（见图 10-11），进入"账户余额"页面。

图 10-11　单击"进入直通车"按钮

❸ 在该页面中单击"充值"按钮（见图 10-12），进入账户充值页面。

图 10-12　单击"充值"按钮

❹ 根据需要设置自定义充值金额（见图 10-13）。

图 10-13　设置自定义充值金额

❺ 设置完成后，单击"立即充值"按钮，即可完成直通车账户的充值。

10.2.3　直通车推广宝贝的关键词设置

卖家需要为参加直通车推广的宝贝设置关键词，而关键词就好比店铺的导购人员，其设置的好坏将直接决定引入流量的精准度，甚至会影响是否成交。

1. 关键词的类型

关键词的类型如下。

● 热搜词：展现指数较高的关键词。

● 潜力词：有一定展现量且市场平均出价或竞争指数较低的关键词。

● 同行词：同类店铺购买的、投入产出比较高的关键词。

● 飙升词：近期搜索量快速增长的关键词。

● 质优词：点击转化率或投入产出比较高的关键词。

- 锦囊词：展现在无线端自然搜索排序中推荐的关键词。

- 扩展词：搜索词的细化拓展，同步"搜索框下拉推荐"。

- 联想词：搜索词的相关联想词，同步"您是不是想找"。

- 置左词：有机会在淘宝网 PC 端的搜索结果中左侧展示的关键词。

2. 优化关键词

了解了关键词的类型后，卖家还要掌握优化关键词的技巧。

- 买家的搜索习惯：站在买家的角度思考，买家会搜索什么样的关键词，如"显瘦连衣裙""收腹牛仔裤""速干 T 恤衫""减脂代餐"等。

- 精准属性：精准表达产品的本质，直击买家的真实需求，如"无袖长款纯色连衣裙""美白保湿温和洗面奶""零添加无农药绿色蔬果"等。

- 优势组合：从不同角度考虑相关词，和产品中心词适当组合，尽可能涵盖产品的各个方面，如"印花连衣裙复古""韩版时尚连衣裙""极寒保暖纯色羽绒服"等。

3. 寻找关键词

卖家可以通过以下几种途径寻找关键词。

- 系统推荐词：系统根据产品类目属性提供的匹配关键词，同时可以进行再排列组合，以获得更多的关键词。

- 淘宝搜索框热搜关键词：使用频率较高的热门关键词（见图 10-14）。

- 宝贝详情中的属性：结合宝贝各个属性信息排列组合关键词。

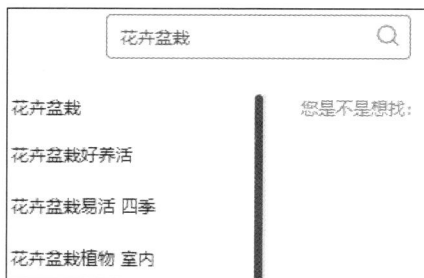

图 10-14　热门关键词

4. 关键词出价

为关键词出价是非常重要的一步，但也不是出价越高越好，因为出价高会导致关键词平均点击花费高，所以需要在展现量和平均点击花费之间找到一个平衡点。下面介绍如何根据不同的推广时间段选择合适的关键词出价。

- 新推广宝贝第一天，关键词出价应当在市场均价左右。因为新推广宝贝系统给关键词的质量得分会根据行业均值给予一个初始值，一般会比较好。因此，在新推广宝贝第一天，建议关键词出价稍高于市场平均出价，让宝贝有更多的展现机会，若推广效果好，质量得分也会提升。

- 新推广宝贝第二天，对点击率高的关键词进行调价以保证排名，对点击率低的关键词降低出价，控制点击成本。

修改出价的具体操作步骤如下。

❶ 进入直通车推广计划页面，在关键词设置页面中可以看到列表中的关键词出价，单击"✏"按钮（见图 10-15），弹出"修改计算机出价"对话框。

以自定义出价（见图 10-16）。

图 10-15　单击"✏"按钮

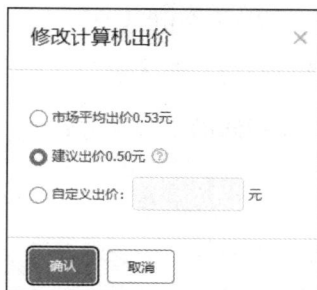

图 10-16　选择相应的选项或自定义出价

❷ 根据需要选择相应的选项，也可

❸ 选择完成后，单击"确认"按钮，即可完成出价的修改。

5. 关键词匹配

加入直通车推广计划后，卖家需要为关键词设置一种匹配的方法，因为买家搜索的词与卖家设置的关键词之间匹配的程度会决定直通车推广的宝贝是否有机会得到展现。目前，关键词的匹配方式有精确匹配和广泛匹配两种。

- 精确匹配：当买家搜索的词与卖家设置的关键词完全相同（或是同义词）时，推广宝贝有机会得到展现。
- 广泛匹配：当买家搜索的词包含卖家设置的关键词（或与该词相关）时，推广宝贝有机会得到展现。

10.2.4　精准触达目标人群

从宝贝、店铺、行业及基础属性出发，直通车推广计划为卖家提供了丰富的人群组合，卖家可以从中选择合适的组合锁定目标人群，在海量流量中高效地触达目标人群，提升推广效果。

新版直通车在现有人群定向的基础上对推荐人群功能进行了升级，其优势如下。

- 更高效的透视智能拉新人群画像。
- 定位优质人群特性。
- 新增潜客、新客、老客营销目标选择及消费者流转报表。
- 实现对店铺消费者分层运营，提高人群投放效果。

1. 智能拉新人群

在投放智能拉新人群时，新增目标人群设置有促进点击（潜在客户）、促进收藏加购（新客）和促进成交（老客）三种目标，可以满足卖家的不同营销需求。

- 促进点击（潜在客户）：投放策略偏向于潜在客户，帮助卖家更大范围地获取点击效果偏好的那一部分流量，以带来更多的流量和成交。
- 促进收藏加购（新客）：投放策略偏向于收藏加购率高的店铺新客，帮助卖家更大范围地获取收藏加购效果偏好的那一部分流量，以带来更多的收藏加购和成交。
- 促进成交（老客）：投放策略偏向于购买意向高的老客，帮助卖家获取转化效果较好的那一部分流量，以保证推广效果。

卖家可以在"推荐人群"页面中选择目标人群（见图 10-17）。

图 10-17　选择目标人群

> **提示**
>
> 　　虽然"促进点击"触达的人数多于"促进收藏加购"，但是"促进收藏加购"的人群更精准。建议卖家根据自己的投放需求进行选择，不支持多选。

2. 自定义组合人群

设置直通车人群标签有两种途径：一种是系统推荐人群，另一种是自定义组合人群。

在进行人群标签组合时，首先需要知道的是女和男属于同级，但是它们的属性不同。因此，卖家在对标签进行组合时，不能同时存在两个同级属性，如果添加同级人群不同属性，就会造成优化不够精细化。

自定义组合人群的类型如下。

- 宝贝定向人群（见图 10-18）：系统结合卖家的宝贝的相关特征和属性，智能挖掘出对该宝贝感兴趣的一类人群标签。
- 店铺定向人群（见图 10-19）：系统结合卖家店铺的特征而智能挖掘，以及与卖家店铺或同类店铺产生过浏览/收藏/加购/购买行为的一类人群标签。

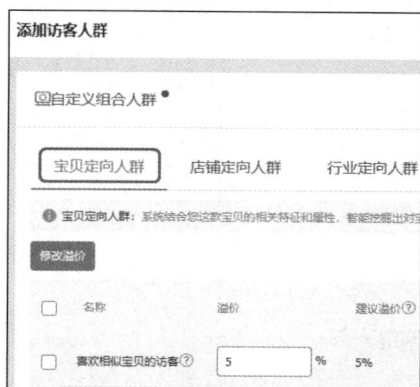

图 10-18　宝贝定向人群

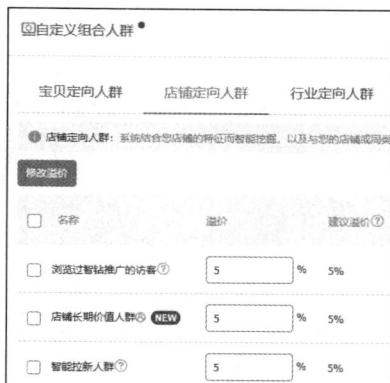

图 10-19　店铺定向人群

- 行业定向人群（见图 10-20）：是指在行业定向人群中，不同的类目会有不同的这个行业偏好人群，包括行业偏好人群、行业优质人群、跨类目拉新人群及淘宝首页种菜人群。
- 基础属性人群（见图 10-21）：包括人口属性人群、身份属性人群、天气属性人群、淘宝属性人群和节日属性人群。

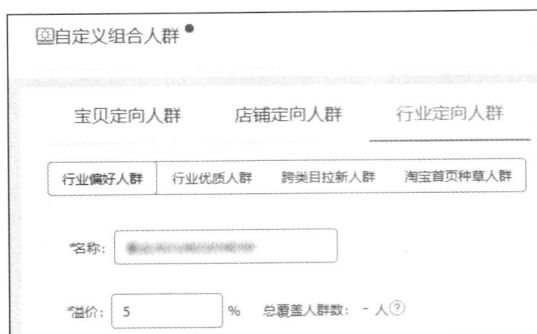

图 10-20 行业定向人群

图 10-21 基础属性人群

- 达摩盘人群（见图 10-22）：达摩盘可以帮助卖家将推广的人群进行精准的定位，即让营销广告只投放到目标人群面前，并屏蔽其他非目标人群。

图 10-22 达摩盘人群

10.2.5 直通车的推广方式

直通车的推广方式主要包括标准推广、智能推广和直播推广，无论选择哪种推广方式，卖家都要花时间精心选择合适的推广宝贝。下面介绍直通车推广宝贝的一些注意事项。

- 宝贝具有应季性和前瞻性。
- 宝贝符合当前潮流趋势和社会主流价值需求。
- 宝贝有一定的成交记录和客户评价。
- 宝贝货源充足。

- 宝贝市场需求量大，目标购买人群规模较大。
- 宝贝在货源渠道和销售价格上有优势。
- 宝贝颜色、尺码等齐全。
- 图片背景清晰，宝贝突出。

1. 标准推广

采用标准推广的宝贝一般会展示在综合搜索结果页（见图 10-23）。

图 10-23　采用标准推广的宝贝展示在综合搜索结果页

设置标准推广计划的具体操作步骤如下。

❶ 在"淘宝直通车"的"推广"页面中单击"新建推广计划"按钮（见图 10-24），进入"推广方式选择"页面。

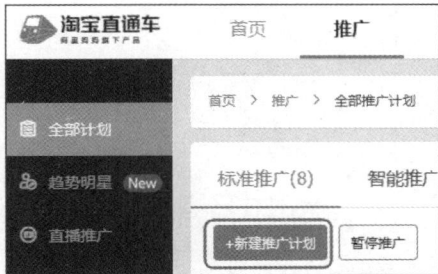

图 10-24　单击"新建推广计划"按钮

❷ 在该页面中先选择推广方式为"标准推广"，再进行投放设置和单元设置。

❸ 设置完成后，单击"添加宝贝"按钮（见图 10-25），进入"添加宝贝"页面。

图 10-25　单击"添加宝贝"按钮

❹ 在该页面中选择合适的宝贝，并勾选宝贝左侧的复选框（见图 10-26）。

图 10-26　勾选宝贝左侧的复选框

❺ 勾选完成后，单击"确定"按钮，即可添加该推广宝贝。

❻ 在下方的页面中单击"下一步，设置推广方案"按钮（见图 10-27），进入推广方案设置页面。

图 10-27　单击"下一步，设置推广方案"按钮

❼ 在该页面中单击"更多关键词"按钮（见图 10-28），进入"添加关键词"页面。

图 10-28　单击"更多关键词"按钮

❽ 根据需要选择合适的关键词（见图 10-29）。

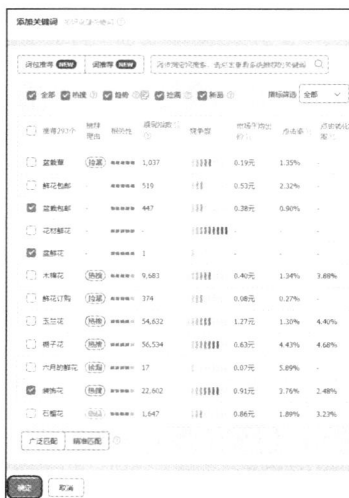

图 10-29　选择合适的关键词

❾ 选择完成后，单击"确定"按钮，进入"推荐人群"页面。

❿ 在该页面中单击"更多精选人群"按钮（见图 10-30），进入"添加访客人群"页面。

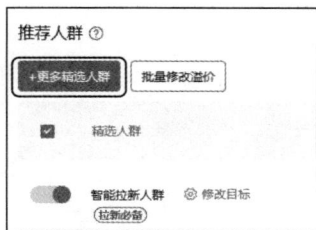

图 10-30　单击"更多精选人群"按钮

⓫ 根据需要选择合适的人群（见图 10-31）。

图 10-31　选择合适的人群

⓬ 选择完成后，单击"确认添加"按钮，即可完成标准推广计划的设置。

2. 智能推广

智能推广降低了推广门槛，任何卖家均可使用。智能推广中恰到好处的自由度可以让卖家灵活控制，有效提升操作效率。

智能推广的类型如下。

（1）选货推广（日常销售、均匀测款、活动引流）

选货推广时以商品各阶段的成长为核心，通过营销推广的方式完成商品成长链路中的各项事宜，从而加快商品成长。

设置选货推广的具体操作步骤如下。

❶ 在"智能推广"页面中单击"智能推广"选项下的"新建计划"按钮（见图 10-32），进入智能推广设置页面。

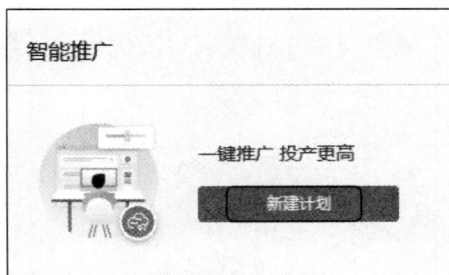

图 10-32　单击"新建计划"按钮

❷ 在该页面中先选择"选货推广"选项，再进行投放设置和单元设置（见图 10-33）。

图 10-33　先选择"选货推广"选项，再进行投放设置和单元设置

（2）选词推广 - 趋势明星

该类智能推广通过大数据挖掘当下消费趋势，找到搜索热度飙升的流量，帮助卖家抢占趋势市场洼地。它可以用来改善货品结构，发现店内有潜在趋势机会的卖品，丰富推广卖品矩阵，完善流量构成，还可以挖掘有上升趋势的流量，找到除高竞争外的洼地流量机会。

趋势明星可以丰富消费者画像，通过趋势卖品找到新鲜流量元素，扩大消费者人群资产，丰富人群画像。

卖家可以在智能推广设置页面中选择"选词推广 - 趋势明星"选项（见图 10-34），然后设置计划名称、日限额等信息，选择趋势主题，即可完成投放设置。

（3）周期精准投

该类型是一种周期阶段优化，周期预算操作便捷，阶段优化持续提升，非常高效。其主要优势如下。

● 货品潜力优选：全店优质潜力宝贝，一键快速推广上车，非常方便。
● 效果报表调优：流量效果提前掌握，选品选词出价优化，很全能。

卖家可以在智能推广设置页面中选择"周期精准投"选项（见图 10-35），然后设置计划名称、周限额等信息，即可完成投放设置。

174

图 10-34　选择"选词推广-趋势明星"选项

图 10-35　选择"周期精准投"选项

3. 直播推广

直播推广具有表达更丰富、更灵动的特性。它可以吸引消费者注意并促进点击，加深消费者对商品的认知，增强消费者的购买意愿。直播推广的优势如下。

- 直播间导流。当消费者点击广告时，看到的是超越图文的展现形式，是主播在直播间讲解商品的视频片段，这可以吸引消费者进入直播间观看直播，增加观看量。另外，在直播结束后，卖家可以将直播间视频讲解回放片段作为广告落地页进行投放。

- 店铺增粉。智能化输送给有直播偏好的人群，结合商品动态化展示，加速店铺粉丝累积。

- 加速单品转化。精准搜索渠道用户购物意向，以视频讲解片段吸引消费者进入直播间观看直播，结合主播对商品卖点的传递，进一步引导消费者做出购买决策。

设置直播推广的具体操作步骤如下。

❶ 在"直播推广"页面中选择"直播推广"选项（见图 10-36），进入"推广组设置"页面。

❷ 在该页面中设置推广组及推广落地页。

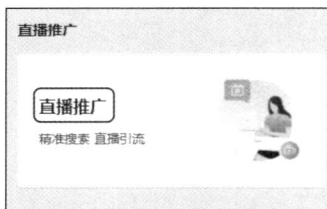

图 10-36　选择"直播推广"选项

❸ 设置完成后，单击"添加直播间"按钮（见图 10-37），进入"选择要推广的直播间"页面。

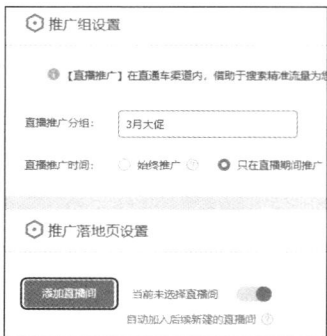

图 10-37　单击"添加直播间"按钮

提示

（1）当设置为"始终推广"时，生效范围是直播间直播时间段，在直播结束后仍然生效。用户点击广告后，将直接进入直播回放片段。用户可以点击查看商品详情页购买商品。

（2）当设置为"只在直播期间推广"时，生效范围是直播间直播时间段。用户点击广告后，将直接进入直播间。用户可以点击进入直播间购买商品，也可以通过查看商品详情页购买商品。

❹ 在该页面中勾选直播间左侧的复选框（见图 10-38）。

图 10-38　勾选直播间左侧的复选框

❺ 勾选完成后，单击"确定"按钮，返回"推广组设置"页面，这时可以看到添加的直播间。

❻ 单击"添加推广单元"按钮（见图 10-39），根据页面提示添加合适的推广单元。

图 10-39　单击"添加推广单元"按钮

❼ 添加完成后，单击"下一步，设置推广方案"按钮，根据页面提示设置
其他内容。

提示

卖家只能从标准推广计划中选择推广单元加入直播推广。需要注意的是，主播只有在直播间生成宝贝讲解看点，才会触发宝贝直播推广。

10.2.6　优化质量得分

质量得分是系统估算的一个相对值，用于衡量关键词与宝贝推广信息和淘宝网用户搜索意向三者之间相关性的综合性指标。

1. 质量得分的影响因素

质量得分主要由点击率、关键词与类目和宝贝信息的相关性，关键词效果的历史记录，以及其他相关因素决定。

在同等条件下，卖家的店铺的关键词质量得分越高，就越有可能为其带来相对低成本的推广费用。质量得分和质量得分详情会全天定时更新，但质量得分的某些元素（如目标网页质量）的评估频率会低一些。如果暂停推广或删除一段时间重新推广，以及重新新建推广计划，都会影响质量得分。

质量得分的影响因素如下。

● 创意效果。创意效果是指关键词所在宝贝的推广创意效果，包括推广创意的关键词点击反馈、图片质量等。

● 相关性

　○ 关键词与宝贝本身信息的相关性，三要体现在宝贝标题信息和直通车推广内容信息上。如果关键词出现在宝贝标题中，该关键词与宝贝的相关度就会提高。

　○ 关键词与宝贝类目的相关性，即宝贝发布的类目和关键词的优先类目的一致性。

　○ 关键词与宝贝属性的相关性，发布宝贝时选择的属性与关键词的一致性，尽可能填写符合宝贝特性的属性。

● 买家体验。买家体验是指根据买家在店铺的购买体验和账户近期的关键词推广效

果给出的动态得分，其影响因素包括直通车转化率、收藏／加入购物车、关联营销、详情页加载速度、好评／差评率等影响购买体验的因素。

2. 优化关键词质量得分

优化关键词质量得分的关键是优化产品属性和标题。

● 产品属性。产品属性是对产品特征及参数的标准化提炼，便于买家在属性筛选时快速找到自己需要的产品。如图 10-40 所示，在淘宝网搜索框中搜索"单肩包"，可以看到搜索结果页面中有"筛选条件"一栏，包括"流行元素""风格""大小"等筛选项。

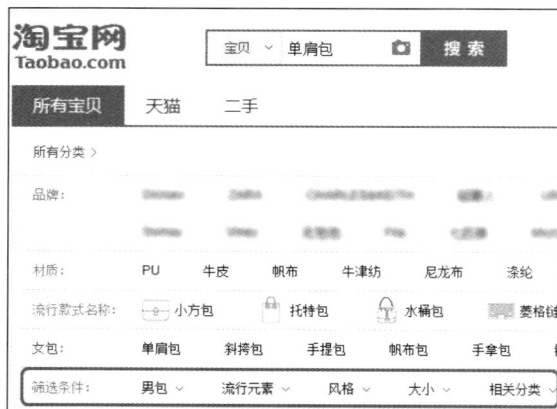

图 10-40　搜索结果页面中的"筛选条件"一栏

● 标题。标题优化主要有两个作用，一是吸引买家注意并提高点击率，二是优化质量得分中的关键词相关性。

10.2.7　提升直通车点击率

下面介绍提升直通车点击率的技巧。

1. 优化图片

做好图片优化是提升直通车点击率的技巧之一，因为买家在直通车展示位最先看到的就是图片，图片设计的好坏直接影响点击率。优化图片的注意事项如下。

- 突出商品与背景的色彩差异。
- 保证商品展示的准确性。
- 图片一定要清晰且符合投放尺寸要求。

2. 优化标题

标题作为对图片的补充说明，能起到吸引买家点击的作用。标题限 20 个汉字，卖家要争取在这 20 个汉字中把宝贝的核心关键词、促销信息等表达出来，最大限度地吸引买家点击。

直通车一定要设置两个标题，通过测试保留点击率更好的标题。产品核心关键词一定要写在标题中，因为这会影响该词的质量得分。优化标题的注意事项如下。

- 关键词排列的紧密程度。在两款宝贝权重相差不大的情况下，排列越紧密的关键词，其得到展示的概率越高，即"修身显瘦连衣裙"这个关键词会比"修身 显 瘦 连衣裙"这个关键词优先展示。
- 无顺序规则，包括空格颠倒效果和无空格规则。
- 关键词的顺序颠倒也是常见的，如"修身连衣裙"和"连衣裙修身"这两个关键词，顺序颠倒后，其搜索量也发生了变化。再比如，"修身 连衣裙"和"修身连衣裙"这两个关键词，虽然只有一个空格的区别，但两个词的搜索指数却不同。
- 组合型带有空格的关键词设置。若要在标题中加入带有空格的关键词，可以在空格中插入属性词，如"夏季 修身连衣裙"可以组合成"夏季新款修身显瘦连衣裙"。
- 重心关键词，可以理解为宝贝的卖点词，该词的匹配度高且转化率高。

3. 优化投放地域

设置投放地域即为某个选中的推广计划设置特定的投放地域及对应地域的宝贝出价。优化投放地域的注意事项如下。

- 了解宝贝的所在热销地区，然后进行重点投放。
- 针对热销地区采取促销措施，如包邮、满减等活动。
- 尽量不要在非热销地区投放宝贝。

在设置投放地域时，卖家可以根据商品的属性和特点，对物流、气候季节、促销活动和代理区域等因素进行分析，将宝贝投放到合适的地区，尽可能地进行精准营销，降低推广成本。

10.2.8　直通车流量解析

卖家可以通过直通车流量解析来了解相同关键词在PC端和移动端的数据表现情况。

1. 关键词分析

图10-41为"羽绒服"的相关词推荐，分析了展现指数及点击指数等数据。

2. 人群画像分析

图10-42为某时间段羽绒服的人群画像分析，分析了性别和年龄等数据。

3. 竞争流量透视

图10-43为某时间段羽绒服的竞争流量透视，展示了按地域分布的购买人群排名及各个时段的搜索量。

图 10-41　"羽绒服"的相关词推荐

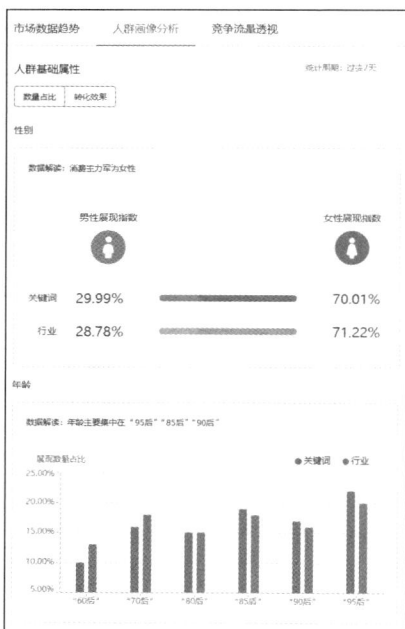

图 10-42　某时间段羽绒服的人群画像分析

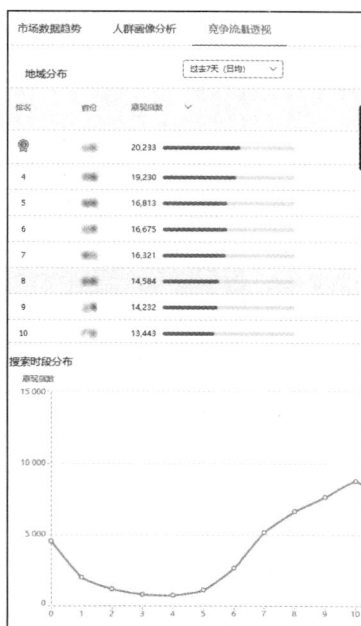

图 10-43　某时间段羽绒服的竞争流量透视分析

第 11 章　淘宝客推广

11.1　淘宝客

淘宝客是一种按成交计费的推广方式，也指通过推广赚取收益的一类人。淘宝客从淘宝客专区获得商品代码，形成商品链接，只要买家点开此链接并下单，淘宝客就可以获得卖家支付的佣金。现在很多淘宝网店都利用淘宝客来引流。

图 11-1 为淘宝客使用微信好友群推广淘宝网店的商品。买家通过链接购买商品后，淘宝客会获得一定比例的佣金。

图 11-2 为某店铺的无线端来源分布。从图 11-2 中可以看出，付费流量占总来源的 13.22%，其中有 13.19% 的访客数是由淘宝客推广带来的。由此可见，作为一种付费营销工具，淘宝客能以较低的推广成本为店铺带来巨大的流量。

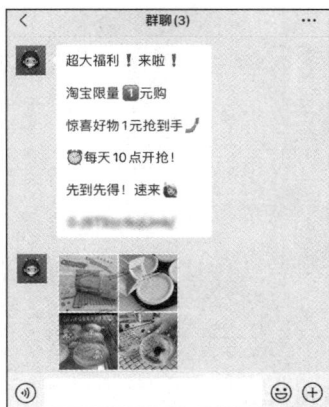

图 11-1　淘宝客使用微信好友
群推广淘宝网店的商品

图 11-2　某店铺的无线端来源分布

11.2　淘宝客的推广优势

淘宝客为淘宝网店带来的销售成交目前已经进入淘宝搜索统计中。在此之前，淘宝客引导的销量并不会进入淘宝搜索统计。因此，在使用淘宝客为店铺做推广时，店铺来自淘宝搜索的自然流量也会有所增加。淘宝客的推广优势如下。

- 站外全场景触达：覆盖全网流量渠道，导购媒体、社交私域、内容和线下零售等场景。
- 投资回报率（Return On Investment，ROI）更可控：展示点击免费，商家灵活设置佣金，按实际成交收费。
- 私域高转化：深度触达社群、内容和线下等各类场景，全民推广，私域爆发式销货。

11.3　淘宝客的准入规则

卖家需要了解淘宝客的准入规则。具体内容如下。

- 店铺状态正常（店铺可正常访问）。
- 用户状态正常（店铺账户可正常登录使用）。
- 近 30 天成交金额大于 0 元。
- 淘宝网店掌柜信用分 ≥ 300 分，天猫店铺、淘宝特价版店铺则无此要求。
- 淘宝网店近 365 天未存在修改商品如类目、品牌、型号、价格等重要属性，使其成为另外一种商品继续出售而被淘宝网处罚的记录；天猫店铺无此要求。
- 店铺账户实际控制人的其他阿里平台账户（以淘宝网排查认定为准）未被阿里平台处以特定严重违规行为的处罚，未发生过严重危及交易安全的情形。
- 店铺综合排名良好。

淘宝网卖家的店铺如因违反《淘宝规则》中的相关规定而被处罚扣分的，还须符合表 11-1 所示的条件。

天猫、飞猪商家的店铺如因违反《天猫规则》《飞猪规则》《天猫国际服务条款规则》中的相关规定而被处罚扣分的，还须符合表 11-2 所示的条件。

表 11-1　淘宝网卖家还需符合的条件

类型	累计扣分	距离最近一次扣分时间
出售假冒品	≥ 6 分	满 365 天

（续表）

类型	累计扣分	距离最近一次扣分时间
严重违规	≥6分、<12分	满30天
	12分	满90天
	12~48分	满365天
虚假交易	≥12分、<24分	满30天
	≥24分、<48分	满90天
	≥48分	满365天

表 11-2　天猫、飞猪商家还需符合的条件

类型	累计扣分	距离最近一次扣分时间
出售假冒品	≥6分	满365天
严重违规	≥6分、<12分	满30天
	12分	满90天
	12~48分	满365天
虚假交易	≥12分、<24分	满7天
	≥24分、<48分	满30天
	≥48分	满90天

11.4　淘宝客的推广渠道

淘宝客为卖家提供了大量的营销工具，这些工具可以有效提升卖家与渠道流量匹配的效率、效果。卖家可以利用各类计划表达营销诉求，有针对性地招募淘宝客开展推广；也可以利用淘宝客专享的阿里妈妈推广券刺激消费者分享裂变；还可以利用淘礼金充值红包，打造单品营销冰点价，快速积累销量。

淘宝客的推广渠道如下。

- 淘宝客会找到一些购物分享型的社区（如小红书），然后在社区中分享商品链接，这是淘宝客的一种有效的推广方式。
- 微博也是一个很好的推广渠道，有不少博主就是利用微博来推广优惠券，进而赚取佣金的。卖家可以寻找一些粉丝数量多、有权威的博主进行推广。
- 软文是一种非常强大的广告载体。一篇好的软文不仅能抓住读者的心，还能让读

者大量转载。

● 淘宝客会在一些大型购物论坛发帖，不过要在适合的论坛发适合的文章。

11.5　淘宝联盟

淘宝客的推广流程如图 11-3 所示。

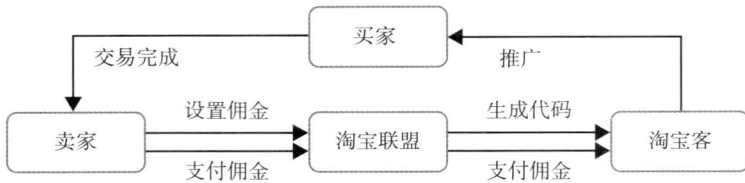

图 11-3　淘宝客的推广流程

淘宝客的推广流程涉及卖家、淘宝联盟、淘宝客及买家四个角色，其各自的属性如表 11-3 所示。

表 11-3　淘宝客的推广流程涉及的角色及其属性

角色名称	角色属性
卖家	佣金支付者。他们将需要推广的商品提供给淘宝联盟，并设置每卖出一个商品愿意支付的佣金
淘宝联盟	一个推广平台。帮助卖家推广商品，帮助淘宝客赚取佣金，每笔交易收取相应的服务费用
淘宝客	佣金赚取者。他们在淘宝联盟中找到商家发布的商品，并将其推广出去，当有买家通过推广链接成交后，就能赚到卖家提供的佣金
买家	广大的网购人群

开通淘宝联盟的具体操作步骤如下。

❶ 登录千牛工作台，单击"营销中心"标签下的"我要推广"链接（见图 11-4），进入营销中心页面。

图 11-4　单击"我要推广"链接

❷ 在该页面中单击"淘宝客 - 开始拓展"图标（见图 11-5），进入"淘宝联盟·商家中心"的"首页"页面。

图 11-5　单击"淘宝客 - 开始拓展"图标

❸ 在该页面中单击"进入后台"按钮（见图 11-6），即可开通淘宝联盟。

图 11-6　单击"进入后台"按钮

11.6　淘宝客推广计划内容

淘宝客推广计划是卖家营销诉求的表达，不同的计划对应不同的流量场景，其对应的营销场景也不同。淘宝客推广计划内容如下。

- 营销推广计划：卖家在淘宝联盟后台设置单品推广的新计划。该计划支持单品推广管理、优惠券设置管理、佣金管理、营销库存管理和推广时限管理等商家推广所需的基本功能，并支持查看实时数据及各项数据报表。
- 定向推广计划：卖家针对不同质量的淘宝客设置的推广计划。卖家可以筛选加入的淘宝客等级，也可以自主联系淘宝客申请加入。卖家可以设置最多 30 个定向推广计划。
- 自选推广计划：店铺中设置为公开自动审核"定向推广计划"的升级计划。该计划是为卖家管理淘宝客而量身定制的新计划。

11.7　淘宝客违规推广说明

目前，站内评价是淘宝客违规推广区域之一。一些淘宝客会通过购买买家评价来实现推广，这些买家会在宝贝评价下附优惠券等信息，这些都属于违规的广告评价（见图 11-7）。

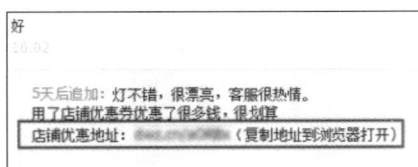

图 11-7　违规的广告评价

站外淘宝客和站内淘宝客不能进行淘宝客推广的规则如下。

（1）站外淘宝客：在淘宝站以外推广渠道中使用淘宝客推广软件为卖家提供推广服务的淘宝客。在前述情形下，如淘宝客使用站内淘宝客的淘宝客推广内容至淘宝站以外推广渠道推广的，其仍为站内淘宝客。

阿里集团所有的网站、软件等各种资源包括但不限于淘宝网、天猫、飞猪店铺内任何区域及宝贝详情页、商品评价页面、淘宝营销产品（如淘宝达人、微淘、极有家、爱逛街、淘女郎、值得买等）、淘宝论坛、旺旺聊天工具、手淘社群（淘友群）、一淘，闲鱼不允许推广。

（2）站内淘宝客：在阿里妈妈事先允许的淘宝站内特定区域或产品范围内（以下统称为"淘宝营销产品"），使用淘宝客推广软件为委托人提供推广服务的淘宝客。

除阿里妈妈事先允许的淘宝站内特定区域或淘宝营销产品区域以外的淘宝客，不允许推广阿里巴巴集团站内资源。

11.8　淘宝客佣金计算

1. 佣金计算规则

除阿里妈妈另有明确约定，所有淘宝客推广方式均适用以下佣金计算规则。

佣金比例以买家拍下交易时的为准，系统可支持的商品最高佣金比例为90%。当淘宝客取链时显示的佣金比例超过90%时：

（1）如卖家设置的佣金比例小于90%，按卖家实际设置的佣金比例结算；

（2）如卖家设置的佣金比例不小于90%，一律按90%进行结算。

商品佣金的优先级高于类目佣金，即同一推广行为下，如果一件商品已经设置有商品佣金比例，该商品又有适用的类目佣金比例，那么该商品成交时按照商品佣金比例计算。

除卖家已设置商品佣金比例的商品，所有类目下的商品因淘宝客推广达成的成交均按照相应类目佣金比例计算佣金。

2. 各种推广方式下的佣金计算规则

各种推广方式下的佣金计算规则如下。

- 搜索推广。以任何方式推广淘宝客搜索（包括但不限于关键词、搜索框等），买家在淘宝客搜索中点击过的任何商品对应的店铺于 15 天内的所有拍下交易，成交后均按卖家设置的佣金比例计算佣金；买家在跳出淘宝客搜索后（如点击"淘宝网首页""天猫网站首页"或在商品详情页再次搜索商品），点击商品产生的拍下交易不计算佣金。

- 频道推广。以任何方式进行频道推广，均按频道页面上展现的推广形式分别计算佣金。

11.9　如何选择主推商品

参加淘宝客推广的卖家在店铺中最多可以选择 30 件商品展示在淘宝客推广专区中，供淘宝客选择，淘宝客选择后可以将商品展示在其推广页面中，这些商品被称为主推商品。店铺的主推商品并不是随意选择的。主推商品要选择店铺中热卖的，有一定利润空间的，最好是当季、合适的商品。

11.10　警惕淘宝客骗取佣金

虽然淘宝客可以为店铺带来流量和销量，但是面对众多淘宝客，卖家应当具备甄别的能力，以防被某些不怀好意的淘宝客骗取佣金。

- 部分淘宝客通过淘宝客链接进入店铺下单，卖家会正常发货；而他们会在卖家发货中途申请退款。

- 当卖家让这些淘宝客申请退款时，他们直接付款成功，这时卖家会发现交易成功，之后便会生成淘宝客佣金，只是这时的淘宝客佣金还不能提现。

- 按照正常的退款程序，淘宝客佣金是不会给这些淘宝客的。因此，这些淘宝客会让卖家直接把钱退到某个支付宝账户，而不是按正常流程退款。

第 12 章　加大推广力度，提升店铺流量

12.1　软文推广店铺和宝贝

撰写软文看似简单，但撰写者必须掌握很多方面的技巧，如阐明产品面向人群特点、核心卖点、营销场景，以及采用通俗易懂的表达形式等。

下面介绍如何写好软文。

1. 拟定一个吸睛的标题

一篇文章首先映入眼帘的就是标题，无论是微博软文还是公众号软文，拟定一个吸睛的标题很重要。拟定标题有很多技巧，既可以直击主题，也可以"卖关子"，以吸引用户阅读。

例如，在推荐电器类、数码类、服饰类等商品时，可以撰写一些标题鲜明的软文。如果推荐美容护肤类、保健类商品，就可以从顾客的需求点切入，如祛斑、祛黑头；或者介绍日常护肤常识，吸引老客的同时也会引起新客的注意。软文撰写者也可以借助当下的社会热点、娱乐新闻等来发散思维，拟定软文标题。

2. 引导顾客

顾客通过搜索进入你的店铺，看到众多宝贝后，也许并不是很清楚到底什么是好的，什么是坏的，以及什么才是他当前最需要的。这时，软文能起到引导的作用，帮助顾客做出正确的选择。

3. 突出核心卖点

除了将吸引人的价格作为核心卖点，卖家还可以在软文中阐述自己的产品和其他卖家的产品不一样的地方，如产品材质、售后服务等。

4. 买家好评

大部分顾客在浏览宝贝时十分重视买家的评论。因此，软文撰写者可以将买家的好评截图融入软文内容，增加顾客的购买信心。

12.2 微博推广店铺和宝贝

微博的用户基数很大，活跃用户也很多，因此微博是一个重要的推广渠道。

微博发文是有篇幅限制的，其主要特点是短小精悍，而微博对长文的发布方式和阅读方式也在不断改进和优化。现在，用户最多可以一次性发布 18 张图片。图 12-1 和图 12-2 为两家淘宝网店利用微博账号发布的推广内容。

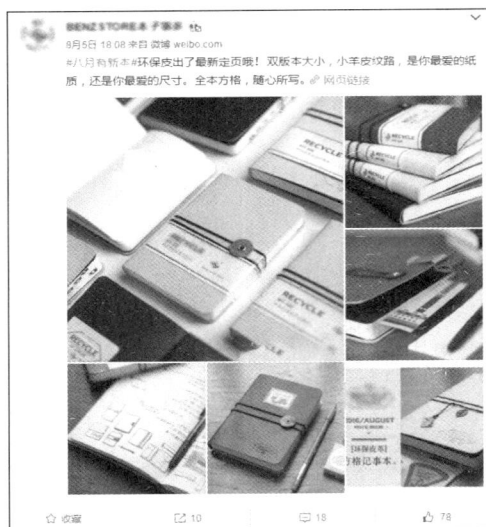

图 12-1　利用微博账号发布的推广内容（1）

图 12-2　利用微博账号发布的推广内容（2）

微博推广的技巧如下。

1. 圈子定位

圈子定位的注意事项如下。

- 建立初期圈子。在微博上，你要尽可能多地主动关注他人或你觉得对自己有帮助的人，最好经常转发或评论别人的微博，渐渐地你就建立起了初期圈子。
- 圈子针对性要强。建立初期圈子时要有针对性，可以利用微博的查询功能，在条件搜索里设置相应的条件，从而筛选出你的目标客户与潜在客户。

2. 关键字加主题

要想让别人看到你发的微博内容，可以采用关键字加主题的方式（见图 12-3 和图 12-4）。

图 12-3　采用关键字加主题的方式（1）　　　图 12-4　采用关键字加主题的方式（2）

在利用微博话题功能时，如果里面都是文字，最好在内容下面插入一张或多张图片，可以是与主题相关的，也可以是唯美的图片，以吸引用户点击。

3. 娱乐内容

微博具有较强的娱乐性，纯说教的内容没有太大的分享价值，也很难引发二次传播，也就自然不会增加粉丝数量了。当然，结合一些时下的社会热点发布微博内容也是非常有效的。

4. 与粉丝互动

有了粉丝后，卖家要学会如何维护粉丝。常用的与粉丝互动的技巧是在自己的微博发布抽奖活动，吸引粉丝关注并转发，以获得更多新粉丝，形成一个良性循环。图 12-5 为某商家在微博里发布的抽奖活动内容。

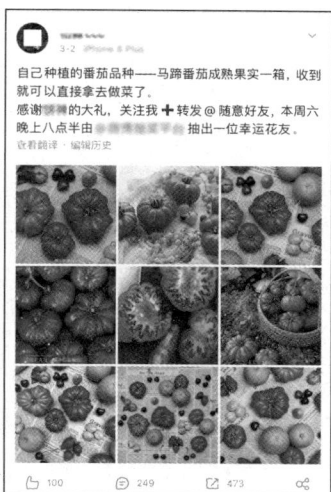

图 12-5　某商家在微博里发布的抽奖活动内容

12.3 微信推广店铺和宝贝

微信推动了微店的诞生和发展，由于微信的用户基数大且私密程度较高，因此微信成了微商可靠的交易场所。

微信推广包括朋友圈推广、直播推广、公众号推广及微信好友推广等。

1. 朋友圈推广

朋友圈推广的基础是你要有足够多的微信好友。你可以先根据自己的店铺定位设置一个有吸引力的头像，然后更新自己的个性签名，让大家知道你店铺的特点。图 12-6 为在朋友圈推广产品信息，图文并茂。

图 12-6　在朋友圈推广产品信息

2. 直播推广

直播通过画面和声音可以让用户的产品体验感更佳。主播通过直播可以更好地向用户展示产品，引导用户购买。创建视频号的具体操作步骤如下。

❶ 登录微信，单击"发现"选项下的"直播和附近"链接（见图 12-7），进入"直播"页面。

图 12-7　单击"直播和附近"链接

❷ 在该页面中单击"开播"按钮
（见图 12-8），弹出"创建视频号"提
示框。

图 12-8　单击"开播"按钮

❸ 在该提示框中单击"创建账号"
按钮（见图 12-9），进入"创建视频号"
页面。

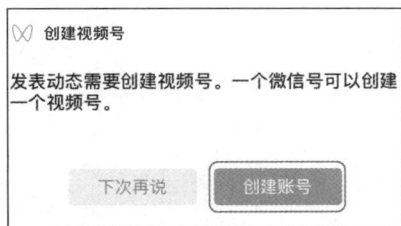

图 12-9　单击"创建账号"按钮

❹ 根据页面提示填写名字、性别和
地区等信息，并勾选"我已阅读并同意
《微信视频号运营规范》和《隐私说明》"
（见图 12-10）。

图 12-10　填写名字、性别和地区等信息，并
勾选"我已阅读并同意《微信视频号运营规范》
和《隐私说明》"

❺ 信息填写并勾选完成后，单击
"创建"按钮，即可完成视频号的创建。

3. 公众号推广

卖家可以通过开通店铺公众号来推广店铺和宝贝，也可以选择一些粉丝多的公众号
来帮助自己推广店铺和宝贝。

（1）推广渠道

公众号推广的前提是拥有自己的公众账号（可以是订阅号，也可以是服务号）。做
线上推广时，可以把公众号推荐给朋友（见图 12-11）。做线下推广时，可以把印有二维
码的传单张贴到店门口，鼓励顾客扫码关注公众号（见图 12-12）。

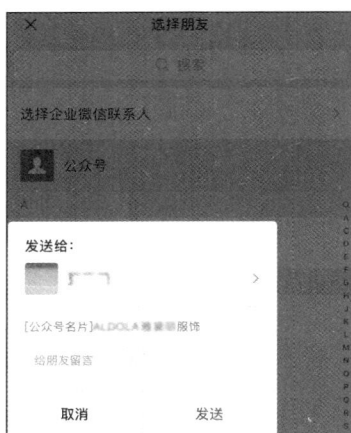

图 12-11　把公众号推荐给朋友

图 12-12　扫码关注公众号

（2）推广文案

卖家每天应有针对性地写一些关于产品的文案。卖家可以通过 PC 端管理公众号（见图 12-13），也可以通过手机客户端编辑内容（见图 12-14）。

图 12-13　通过 PC 端管理公众号

图 12-14　通过手机客户端编辑内容

卖家要注重文案质量，不能为了宣传产品而把内容简单地拼凑起来，否则用户浏览的欲望就会大大降低。下面介绍不同类别的产品在公众号上所做的推广。

①服装类产品。无论是在日常生活中还是在重大活动里，穿着搭配都是一个众人津津乐道的话题。

例如，某公众号消息标题由于受影视作品的影响，用户看到标题后会产生极大的阅读兴趣。也就是说，标题绝对不能生硬，要与影视音乐、节日及热点联系起来，让用户觉得文章不是广告，是有文化底蕴的。

再比如，在服饰类产品推广软文（见图 12-15）中，将文字和图片相结合，用户看到生动的文字及清晰的图片，一定会心动。

②旅游类产品。随着线上旅游客户端的不断升级，线上旅游产品的宣传与推广更容易将潜在客户转化为消费者，而且旅游类产品属于精神消费产品，可以多次消费。图 12-16 为某地周末游的公众平台消息。

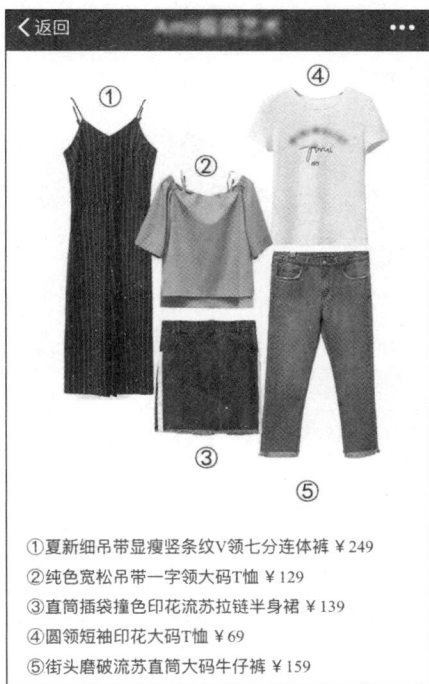

①夏新细吊带显瘦竖条纹V领七分连体裤￥249
②纯色宽松吊带一字领大码T恤￥129
③直筒插袋撞色印花流苏拉链半身裙￥139
④圆领短袖印花大码T恤￥69
⑤街头磨流苏直筒大码牛仔裤￥159

图 12-15　服饰类产品推广软文

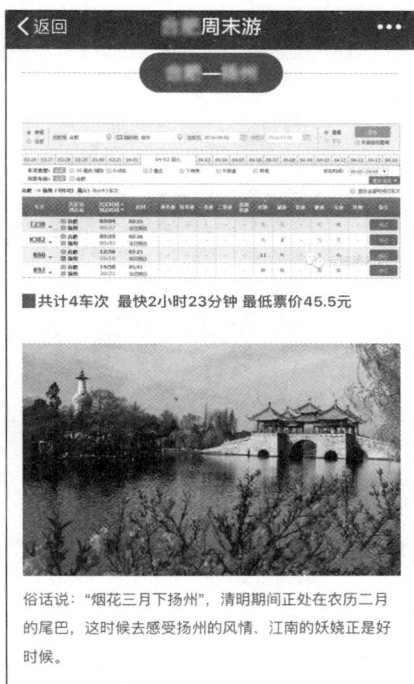

■共计4车次 最快2小时23分钟 最低票价45.5元

俗话说："烟花三月下扬州"，清明期间正处在农历二月的尾巴，这时候去感受扬州的风情，江南的妖娆正是好时候。

图 12-16　某地周末游的公众平台消息

③食品类产品。饮食一直是人们关注的话题之一。每到一个新的地方，人们都会关注当地的美食。一大批"吃货"到处觅食，美团、饿了么等外卖平台应运而生。一些资深"吃货"会借助微信公众平台把美食推销出去。图 12-17 为某卖家通过公众号推广店铺的促销活动。

④护肤类产品。对于护肤类产品，可以在公众号文章中适当穿插产品信息。图 12-18 为某店铺在公众号文章中推广自家的护肤品。

图 12-17　某商家通过公众号推广
店铺的促销活动

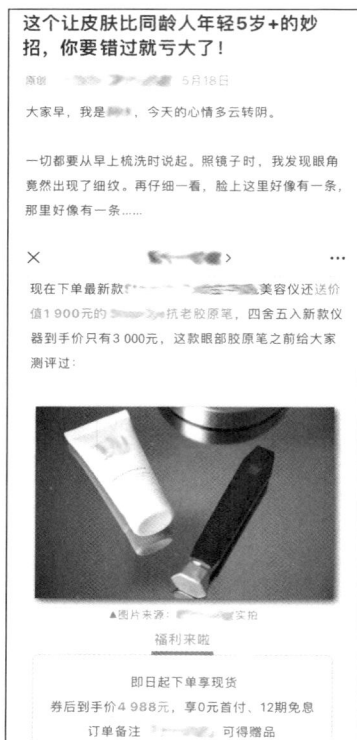

图 12-18　某店铺在公众号文章中
推广自家的护肤品

4. 微信好友推广

如果微信好友足够多，卖家就可以有针对性地向好友推广宝贝（见图 12-19）。

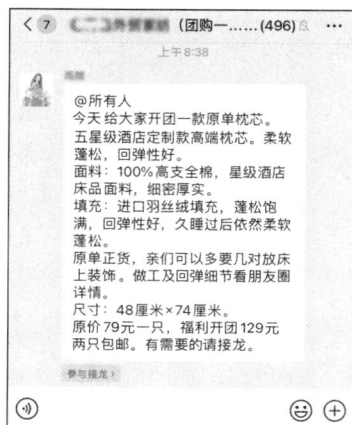

图 12-19　向微信好友推广宝贝

建立销售群的具体操作步骤如下。

❶ 在"聊天详情"页面中单击"+"按钮（见图 12-20），进入"选择联系人"页面。

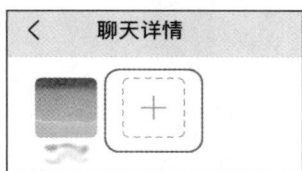

图 12-20　单击"+"按钮

❷ 在该页面中的联系人列表中勾选微信名左侧的复选框（见图 12-21）。

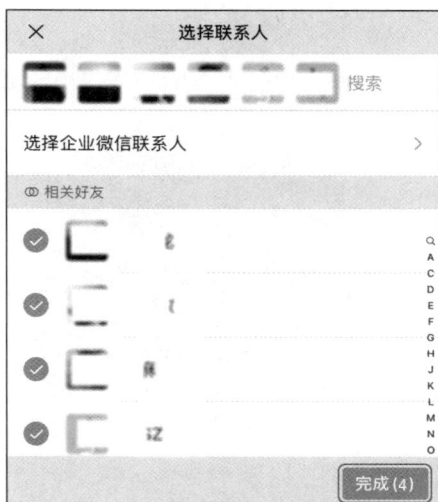

图 12-21　勾选微信名左侧的复选框

❸ 勾选完成后，单击"完成"按钮，即可完成销售群的建立。

12.4　其他推广店铺和宝贝的渠道

内容运营的推广渠道日益增多，但是卖家需要筛选出有转换率的平台，再投入资金和精力去好好经营，这样才会有成效。

12.4.1　发订阅

发订阅即以前的微淘，其在入口、关系和供给上都进行了升级。发订阅的优势如下。

- 从粉丝运营到关系运营，为商家拓展可运营人群。
- 采用全新关系亲密度分发机制，放大优质关系价值，提高效率。
- 持续强化上新能力。

图 12-22 为某商家在订阅页面发布的上新活动。图 12-23 为某商家在订阅页面发布的清单活动。

图 12-22　某商家在订阅页面发布的
上新活动

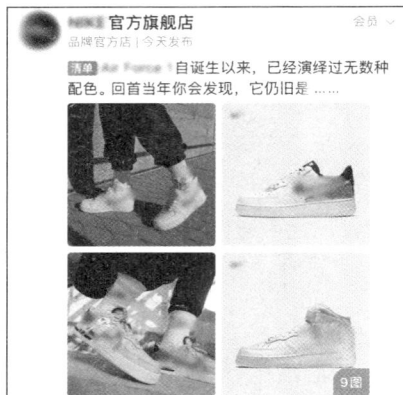

图 12-23　某商家在订阅页面发布的
清单活动

1. 多品上新

多品上新是卖家将店铺的新品进行有效推广的一种内容形式，通过多款新品组合内容的发布，可以让粉丝第一时间获取相关商品上新的信息及折扣信息。多品上新内容为点击率高的内容。

目前，卖家仅可以选择最近 15 天内已经上架并开售的新品，否则将无法发布。发布多品上新活动的具体操作步骤如下。

❶ 登录千牛工作台，单击"内容运营中心"标签下的"发订阅"链接（见图 12-24），进入"发布工具"页面。

图 12-24　单击"发订阅"链接

❷ 在该页面中单击"多品上新"图标下的"发布"按钮（见图 12-25），进入"首页 / 发布工具 / 上新 / 多品上新"页面。

图 12-25　单击"发布"按钮

❸ 根据页面提示设置上新文案，并添加上新宝贝（见图 12-26）。

图 12-26　设置上新文案，并添加上新宝贝

❹ 上新文案设置完成并添加上新宝贝后，单击"下一步"按钮，进入下一个设置页面，根据页面提示选择发布渠道。

2. 新品买赠

新品买赠是服务于卖家新品发布时期的单品上新特定玩法。卖家可以在发布新品时配置对应赠品，以获得更高的转化率。发布新品买赠的具体操作步骤如下。

❶ 在"发布工具"页面中单击"新品买赠"图标下的"发布"按钮（见图 12-27），进入"首页/发布工具/上新/新品买赠"页面。

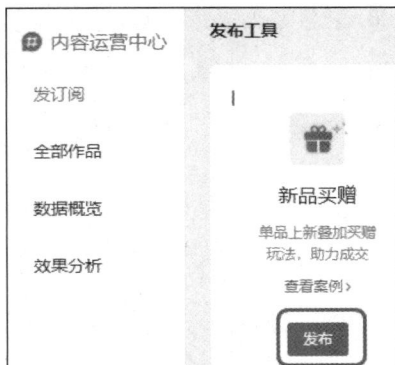

图 12-27　单击"发布"按钮

❷ 在该页面中设置新品买赠卡片（见图 12-28）。

图 12-28　设置新品买赠卡片

❸ 设置完成后，单击"下一步"按钮，进入下一个设置页面，根据页面提示设置新品买赠详情页，选择发布渠道。

3. 新品首发

如果店铺中有一个年度级重磅新品即将发布，新品首发就是一种不错的选择。新品首发属于单品预上新类型，通过首发新品介绍再加上上新预约玩法，可以让粉丝第一时间获取新品的相关信息，并参与上新预约。

目前，卖家仅可以选择最近 15 天内已上架、即将开售的新品，否则将无法发布。发布新品首发的具体操作步骤如下。

❶ 在"发布工具"页面中单击"新品首发"图标下的"发布"按钮（见图 12-29），进入"首页 / 发布工具 / 上新 / 新品首发"页面。

图 12-29 单击"发布"按钮

❷ 在该页面中设置新品首发卡片（见图 12-30）。

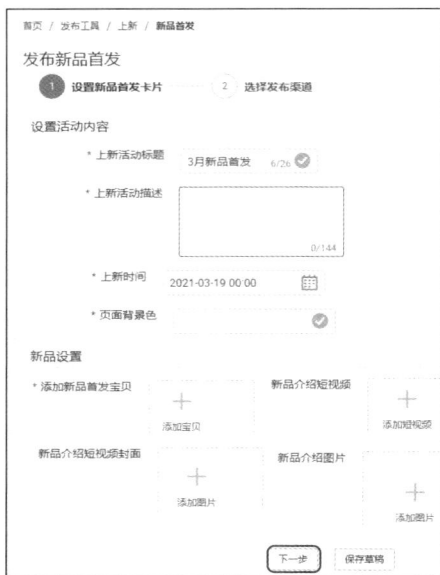

图 12-30 设置新品首发卡片

❸ 设置完成后，单击"下一步"按钮，进入下一个设置页面，根据页面提示选择发布渠道。

4. 图文搭配

图文搭配是一种高效导购内容类型，通过短图文真实分享商品搭配方案，帮助粉丝建立货品认知。图文搭配适合服饰类、家装品类商家使用。发布图文搭配的具体操作步骤如下。

❶ 在"发布工具"页面中单击"图文搭配"图标下的"发布"按钮（见图 12-31），进入"首页 / 发布工具 / 内容 / 图文搭配"页面。

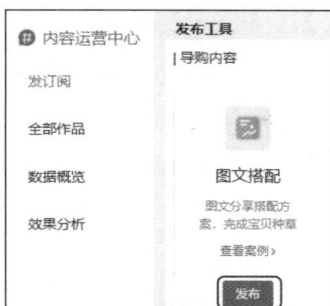

图 12-31　单击"发布"按钮

❷ 根据页面提示设置活动内容（见图 12-32）。

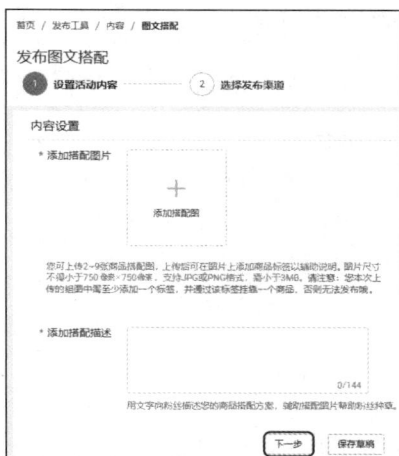

图 12-32　设置活动内容

❸ 设置完成后，单击"下一步"按钮，进入下一个设置页面，根据页面提示选择发布渠道。

5. 粉丝专享券

粉丝专享券可以帮助卖家提升店铺的成交转化率。粉丝专享券的特点如下。

● 支持粉丝分层精细化营销：可选运营人群为全部粉丝，包括亲密粉人群、活跃粉人群、沉默粉人群和新粉人群。

● 自动分发升级为主动投放。

● 配券入口由原先的店铺营销中心界面升级至用户运营中心界面。

设置粉丝专享券的具体操作步骤如下。

❶ 在"发布工具"页面中单击"粉丝专享券"图标下的"发布"按钮（见图 12-33），进入"粉丝运营 / 粉丝优惠券"页面。

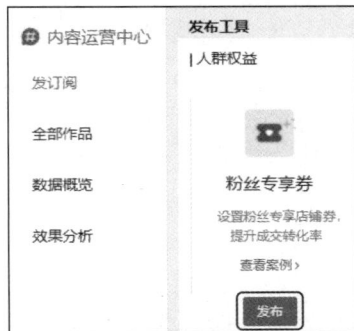

图 12-33　单击"发布"按钮

❷ 根据页面提示设置基本信息（见图 12-34）。

❸ 设置完成后，单击"下一步"按钮，进入下一个设置页面，根据页面提示设置站内外推广。

图 12-34　设置基本信息

12.4.2　小红书

小红书是一个生活方式平台和消费决策入口。小红书将社区中的内容精准匹配给对它感兴趣的用户，从而提升用户体验。

1. 入驻小红书

如果拥有微信和其他社交平台账号，就可以直接使用手机号码注册小红书。

2. 发布笔记

入驻小红书后，商家可以在平台上发布各种视频和图片，最大化地展示店铺内的宝贝，吸引更多粉丝，获得更多成交量。发布笔记的具体操作步骤如下。

❶ 在小红书的主页中单击底部中间的"+"按钮（见图 12-35），进入内容发布页面。

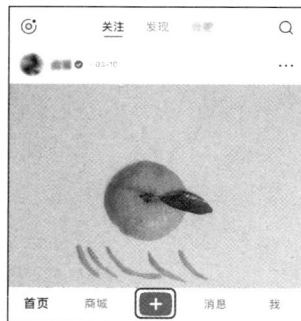

图 12-35　单击"+"按钮

❷在该页面中的"最近项目"列表中选择需要发布的照片或视频文件。选择完成后，单击"下一步（1）"按钮（见图 12-36）。

图 12-36　单击"下一步（1）"按钮

❸在下方的页面中设置相关信息，并添加发布话题和地点（见图 12-37）。

图 12-37　设置相关信息，并添加发布话题和地点

❹信息设置完成并添加发布话题和地点后，单击"发布笔记"按钮，即可发布笔记。

3. 运营商品

小红书平台上有很多粉丝热捧的博主（见图 12-38），他们每发布一条动态，都会吸引很多粉丝的点赞和评论。如果商家与他们达成长期的合作，就能给自己的店铺和宝贝带来更多的流量及成交量。

图 12-38　小红书平台上粉丝热捧的博主